高等职业教育资产评估专业精品教材

Exercise and Training of Valuation Practice

资产评估实务习题与实训

刘淑琴 主编

东北财经大学出版社
Dongbei University of Finance & Economics Press
大连

图书在版编目（CIP）数据

资产评估实务习题与实训 / 刘淑琴主编. —大连 ：东北财经大学出版社，2022.6

（高等职业教育资产评估专业精品教材）

ISBN 978-7-5654-4488-3

Ⅰ. 资…　Ⅱ. 刘…　Ⅲ. 资产评估-高等职业教育-教材　Ⅳ. F20

中国版本图书馆CIP数据核字（2022）第041224号

东北财经大学出版社出版

（大连市黑石礁尖山街217号　邮政编码　116025）

网　　址：http：//www.dufep.cn

读者信箱：dufep@dufe.edu.cn

大连图腾彩色印刷有限公司印刷　东北财经大学出版社发行

幅面尺寸：185mm×260mm　字数：289千字　印张：14.75

2022年6月第1版　2022年6月第1次印刷

责任编辑：王天华　周　慧　责任校对：慧　心

封面设计：冀贵收　版式设计：原　皓

定价：35.00元

教学支持　售后服务　联系电话：（0411）84710309

如有印装质量问题，请联系营销部：（0411）84710711

前言

2014年国务院发布的《关于加快发展现代职业教育的决定》中提出了“推行项目教学、案例教学、工作过程导向教学”等教学模式，2016年7月出台了《中华人民共和国资产评估法》，2017年9月以来中国资产评估协会发布和修订了30项资产评估准则。为了顺应我国高等职业教育发展趋势，培养高素质的资产评估与管理专业人才，我们据此出版了《资产评估实务》教材，同时按照“项目导向、任务驱动”的要求及资产评估师考试要求编写了配套的习题与实训。

本书共分十三个项目，均与资产评估职业岗位密切相关。在每个项目下按任务均设有单项选择题、多项选择题、判断题、思考分析题和综合训练题等内容。

本书由山西省财政税务专科学校刘淑琴副教授任主编，山西省财政税务专科学校李艳、李越、冯婵参加编写。刘淑琴负责统稿、核对和策划设计。具体分工如下：刘淑琴编写项目一、二、三、四、五、八、十三；冯婵编写项目六；李越编写项目七、九；李艳编写项目十、十一、十二。

虽然我们在编写过程中尽了最大努力，但由于编者的经验和水平有限，也可能会存在一些疏漏之处，恳请读者在使用过程中给予关注并提出宝贵意见，以便我们进一步修订和完善。

在此说明一下：练习册中的中青资产评估公司及一些企业、公司名称均是虚拟名称。

编　者

2022年5月

目　录

项目一

资产评估基本认知

任务一 资产评估的基本概念

一、单项选择题

1.下列各项中关于资产的表述，正确的是（ ）。

A.界定资产的边界是资产的所有权

B.资产的所有权价值一般会高于使用权价值

C.判断资产是否存在时，控制权是要考虑的首要因素

D.资产的产权是与所有权相关的“权利束”，具有不可分解性

2.下列各项属于评估师判断和确认标的物是不是资产最重要的标准之一的是（ ）。

A.历史成本 B.历史收益 C.预期成本 D.投资收益

3.资产评估所强调的资产的可计量性，是以其能带来的（ ）为基础的。

A.未来利益 B.预期损失 C.公允价值 D.现值

4.从本质上讲，资产评估是一种（ ）活动。

A.事实判断估算 B.价值分析估算 C.价格分析确定 D.资产保值估算

5.完全按照评估准则及规定程序和要求进行的资产评估称为（ ）。

A.限制性资产评估 B.完全资产评估

C.整体资产评估 D.评估复核

6.在资产评估中，资产评估值的高低主要取决于（ ）。

A.资产的历史收益 B.资产的社会必要劳动时间

C.资产的效用 D.资产的购置成本

7.从理论上讲，资产评估结果只是评估师对被评估资产在评估基准日的（ ）。

A.价值估计数额 B.价值计算数额

C.价格估计数额 D.价格计算数额

8.资产评估工作的执行操作者不同于会计，它是由独立于企业以外的社会中介机构完成的。这一点说明资产评估具有（ ）。

A.市场性 B.公正性 C.咨询性 D.专业性

9.资产评估反映的是评估专业人员对评估对象在评估基准日特定目的下价值的专业意见，它是建立在一定的假设条件基础上的，可能受到一些限制的影响。一般情况下，资产评估体现的是（ ）。

A.公开属性 B.公正属性 C.咨询属性 D.专业属性

二、多项选择题

1.资产评估的资产具有的基本特征有（ ）。

A.是由过去的交易或者事项形成的资源

B.必须是特定权利主体拥有或者控制的

C.是能够给权利主体带来经济利益的资源，即可望给经济主体带来现金流入的资源

D.是必须能以货币计量的

2.资产的产权是与资产所有权相关的“权利束”，是基于所有权派生的一系列权利，通常包括（　　）。

A.资产的占有权　　B.资产的使用权　　C.资产的处分权　　D.资产的收益权

3.下列各项关于资产评估概念的说法中，正确的有（　　）。

A.资产评估是受委托人和资产评估专业人员依法签订的资产评估委托合同约束的专业服务

B.资产评估是一种对价格、价值进行评定估算的行为

C.资产评估的客体是指资产评估的对象

D.资产评估对象可以是具体的资产，也可以是其他经济权益

4.下列机构及自然人中，根据《中华人民共和国资产评估法》（简称《资产评估法》）属于资产评估主体的有（　　）。

A.资产评估协会

B.资产评估机构

C.其他具有评估专业知识及经验的评估从业人员

D.资产评估师

5.根据《资产评估法》，资产评估的客体是指资产评估的对象，下列各项属于资产评估对象的有（　　）。

A.动产　　B.不动产　　C.无形资产　　D.资产损失

6.下列各项是从资产评估服务的对象、评估的内容和评估者承担的责任等进行资产评估分类的有（　　）。

A.完全资产评估　　B.评估咨询

C.限制性资产评估　　D.评估复核

7.下列各项属于资产评估特点的有（　　）。

A.公开性　　B.咨询性　　C.公正性　　D.动态性

8.下列各项关于价值与价格的关系的表述中，正确的有（　　）。

A.价值围绕价格上下波动

B.价格是价值的货币表现形式

C.价值的变动是价格变动的内在的支配性的因素

D.价值是价格形成的基础

9.下列各项关于资产评估基准日的表述，正确的有（　　）。

A.资产评估基准日通常为评估结论形成的日期

B.资产评估基准日是资产评估结论对应的时间基准

C.资产评估基准日可以用于确定评估报告结论的使用期限

D.根据评估基准日的不同，资产评估业务可以分为现时性评估、追溯性评估和预测性评估

三、判断题

1. 根据《资产评估法》，资产收益不属于资产评估的客体。（　）
2. 资产评估是指对资产在一定时期内的价值进行的评定估算。（　）
3. 资产评估的主体是资产的拥有者或占有者。（　）
4. 评估基准日实际上就是资产评估机构对资产开始进行评估的日期。（　）
5. 评估值是指产权变动时的成交价，委托单位必须按验证确认后的评估值成交。（　）
6. 资产评估是一种客观公正的、具有专业水准的专家判断或专家意见。（　）
7. 资产评估属于价值判断的范畴。（　）
8. 依法取得资产的完整产权是特定主体能够控制和支配相关资产的前提条件。（　）

四、思考分析题

1.《资产评估法》所指的资产评估是什么？强调的主要内容有哪些？

2. 简述资产评估的特点。

五、综合训练题

红星电子有限公司拟收购利民公司30%的股权，委托中青资产评估有限公司进行评估，中青资产评估有限公司按照约定完成了必要的评估程序。

2021年11月20日，中青资产评估有限公司出具了"中青评报字〔2021〕第198号"资产评估报告书，报告书宣称：本次评估目的是红星电子有限公司拟收购利民公司30%股权，需要对利民公司30%的股权价值进行评估，以确定其在评估基准日2021年9月30日的市场价值，为该收购提供价值参考。根据本次评估的目的，本次评估的对象为利民公司30%的股权价值，评估范围是利民公司的全部资产及相关负债。本次评估采用持续经营前提下的市场价值作为选定的价值类型。

要求：根据上述资料回答下列问题。

（1）《资产评估法》所指的资产评估是什么？具有哪些特点？如何理解资产评估中的资产？

（2）本评估案例中评估主体、客体分别是什么？

（3）在资产评估中应遵循的工作原则是什么？

（4）在资产评估中应遵循的经济技术原则是什么？评估基准日的确定体现的是哪一个经济技术原则？

（5）《资产评估法》对资产评估报告的出具是如何界定的？

任务二　资产评估的原则

一、单项选择题

1. 下列各项不属于资产评估工作原则的是（　　）。

A. 独立性原则　　B. 公正性原则　　C. 专业性原则　　D. 科学性原则

2. 下列各项属于资产评估核心原则的是（　　）。

A. 独立性　　B. 客观性　　C. 诚实守信　　D. 谨慎从业

3. 下列各项中，不违背资产评估独立性要求的是（　　）。

A. 承办该项目的资产评估专业人员的儿媳担任委托单位的董事

B. 资产评估机构的法定代表人持有被评估单位的股票

C. 承办该资产评估项目的资产评估专业人员两年前曾担任被评估单位的财务总监

D. 承办该项目的资产评估专业人员的母亲在评估对象产权持有单位担任监事

4. 在同一市场上具有相同使用价值和质量的商品，应该有大致相同的交换价值，以此确立的评估原则是（　　）。

A. 贡献原则　　B. 资产评估时点原则

C. 预期收益原则　　D. 替代原则

5. 下列各项反映经济学中关于供求关系影响商品价格原理概况的是（　　）。

A. 贡献原则　　B. 资产评估时点原则

C. 供求原则　　D. 替代原则

6. 某新获批的城市道路拓宽项目位于A小区旁边，可能给该小区带来交通情况的改善，但同时也可能会带来空气和噪声污染，体现了资产评估经济技术原则中的（　　）。

A. 外在性原则　　B. 预期收益原则

C. 贡献原则　　D. 供求原则

7. 下列各项有关资产评估的经济技术原则的表述，错误的是（　　）。

A. 贡献原则指某一项资产的价值取决于它对所在的资产组合的贡献

B. 评估时点原则为资产评估提供了一个时间基准

C. 外在性原则指相关权利主体之外的因素对资产价值造成的影响

D.替代原则指在同一市场上，具有相同使用价值和质量的商品，应有完全相同的交换价格

8.环境因素对房屋建筑物评估价值的影响实际上是（　　）对房屋建筑物价值影响的体现。

A.替代原则　B.外在性原则　C.客观性原则　D.贡献原则

二、多项选择题

1.下列各项不属于资产评估工作原则的有（　　）。

A.独立性原则　B.公正性原则　C.贡献原则　D.替代原则

2.下列各项属于资产评估经济技术原则的有（　　）。

A.预期收益原则　B.公正性原则　C.贡献原则　D.客观性原则

3.由于资产的使用会受到市场条件的制约，因此，其最佳用途的确定一般需要考虑的因素有（　　）。

A.法律上是否可行　B.技术上是否可能

C.财务上是否可行　D.使用上是否高效

三、判断题

1.有经验的买方对某一资产不会支付高于能在市场上找到相同效用替代物的费用。因此，评估时应考虑某一资产的选择性和有无替代物。（　　）

2.某评估对象机器设备的价格，受其他同类型具有相同使用价值和质量的机器设备的价格所牵制。这体现了资产评估经济技术原则中的最高最佳使用原则。（　　）

3.预期收益原则是资产评估人员判断资产价值的一个最基本的原则。（　　）

4.由于资产的使用会受到市场条件的制约，因此，使用上是否高效是最高最佳用途原则需要考虑的一个因素。（　　）

5.持有资产评估委托单位股票的资产评估机构合伙人不可以参加该单位资产的评估。（　　）

四、思考分析题

1.如何理解资产评估的工作原则?

2.如何理解资产评估的经济技术原则?

任务三　资产评估的作用及服务领域

一、单项选择题

1.下列各项不属于资产评估的基本作用的是（　　）。

A.评价　　B.咨询　　C.管理　　D.鉴证

2.三十多年来我国资产评估行业将（　　）作为主要服务对象一直延续至今。

A.中外合作企业　　B.集体企业　　C.国有企业　　D.民营企业

3.在产权交易过程中，资产评估机构的介入，对规范经济秩序的促进作用表现在（　　）。

A.评价和估值功能

B.既抑制了交易主体的非理性行为，也为政府强力监管提供了“数据库”

C.对公众利益的维护

D.在对外开放条件下维护国家利益

4.我国资产评估行业产生至今已有30多年，是为服务于（　　）而产生的。

A.上市公司　　B.金融行业　　C.私营企业　　D.国有资产

5.涉及证券服务的资产评估业务领域有很多，影响最大的业务领域是（　　）。

A.为非上市公司的市场价值所提供的资产评估

B.为非上市公司的债务价值所提供的资产评估

C.为国有资产管理公司所提供的资产评估

D.为拟上市和已上市公司所提供的资产评估

二、多项选择题

1.资产评估在服务资本市场发展中的保障作用有（　　）。

A.资产评估已成为支持上市公司重组并购交易定价的核心环节

B.资产评估已成为促进上市公司融资功能提升的重要手段

C.资产评估有利于市场稳定

D.资产评估有效提升了上市公司的信息披露质量

2.我国资产评估行业发展的特点包括（　　）。

A.改革开放催生了我国资产评估行业

B.市场主导推动资产评估行业走向规范化发展

C.产权市场的形成促进了资产评估行业的发展

D.服务国有企业成为资产评估行业发展壮大的基础

3.我国在税收领域也对资产评估产生需求，这些领域包括（　　）。

A.核定税基　　B.确定纳税流程

C.关联方交易转让定价　　D.确定计税价格

三、判断题

1.在服务会计计量领域，资产评估作为独立的专业力量评估公允价值，企业在会计核算中运用公允价值，审计机构对公允价值的形成和使用进行审核，有利于厘清相关主体的专业边界。（　　）

2.金融市场的建立加快了资产评估行业发展。（　　）

3.资本跨境合作不属于资产评估服务的领域。（　　）

四、思考分析题

1.在市场经济中，资产评估有哪些作用?

2.资产评估在金融领域提供的专业服务主要有哪些？对抵（质）押评估需求的主要情形有哪些?

项目二

资产评估基本事项

任务一 资产评估相关当事人

一、单项选择题

1.下列各项关于资产评估委托人的表述，正确的是（ ）。

A.委托人只能是一个确定的法人或者自然人

B.委托人是与资产评估协会签订委托合同的民事主体

C.委托人只能是法人

D.委托人可以是法人，也可以是自然人

2.下列各项关于评估委托人的表述，不正确的是（ ）。

A.自然人不可以作为委托人与资产评估机构订立评估委托合同

B.委托人与资产评估机构签订的评估委托合同受到《民法典》的规范

C.对于法定评估业务，委托人的确定需要符合国家有关法律、法规的规定

D.委托人应当根据资产评估业务的需要，负责资产评估机构及其资产评估专业人员与其他相关当事人之间的协调

3.对于非法定资产评估业务，委托人的确定基于的原则是（ ）。

A.独立客观原则　　B.自愿协商原则

C.合法合规原则　　D.利益相关原则

4.红菱公司为一家外资企业。华金公司是一家国有全资企业，其主管部门为华杉集团。现华金公司拟收购红菱公司25%的股权，需要对其股权价值进行评估。那么，上述评估业务的委托人应当包括（ ）。

A.红菱公司　　B.华金公司

C.华金公司和华杉集团　　D.红菱公司或华金公司

5.小明的笔记本电脑遗失，被小虎（未成年人）捡到，小明索要未果，且笔记本电脑被小虎故意损坏，小明委托律师杨某诉至MM法院，诉讼请求小虎赔偿损失。若该司法诉讼需要资产评估，可以由（ ）委托。

A.MM法院　　B.小明　　C.小虎　　D.小虎的父母

6.下列各项关于评估委托人权利的表述，错误的是（ ）。

A.评估委托人有权自主选择符合《资产评估法》规定的评估机构

B.评估委托人有权要求与相关当事人及评估对象有利害关系的评估专业人员回避

C.当评估委托人对资产评估报告结论、评估金额、评估程序等方面有不同意见时，可以要求评估机构解释

D.评估委托人认为评估机构或者评估专业人员违法开展业务的，可以向人民检察院投诉、举报

7.下列各项不属于《资产评估法》规定的评估委托人权利的是（ ）。

A.评估委托人有权自主选择符合《资产评估法》规定的评估机构，任何组织或者

个人不得非法限制或者干预

B. 评估委托人应当对其提供的权属证明、会计信息和其他资料的真实性、完整性和合法性负责

C. 当评估委托人对资产评估报告结论、评估金额、评估程序等方面有不同意见时，可以要求评估机构解释

D. 评估委托人有权要求与相关当事人及评估对象有利害关系的评估专业人员回避

8. 根据资产评估业务的需要，负责资产评估机构及其资产评估专业人员与其他相关当事人之间的协调的是（　　）。

A. 资产评估机构负责人　　B. 委托人

C. 财政部　　D. 受托人

9. 下列各项关于评估委托人和产权持有人的表述，错误的是（　　）。

A. 产权持有人一般控制评估对象

B. 对国有企业法人财产权转让时需要由产权持有人委托评估机构

C. 当评估对象为股权或所有者权益时，“产权持有人”是指股权或所有者权益的拥有者

D. 评估委托人与产权持有人是同一主体

10. 如果非评估报告使用人使用了评估报告，下列各项说法正确的是（　　）。

A. 由资产评估机构对使用评估报告的后果负责

B. 由资产评估专业人员对使用评估报告的后果负责

C. 资产评估机构和资产评估专业人员都需对使用评估报告的后果负责

D. 资产评估机构和资产评估专业人员均不承担任何后果和责任

11. 下列各项关于评估报告使用人，不正确的是（　　）。

A. 评估报告使用人是指法律、行政法规明确规定的或者资产评估委托合同中的有权使用资产评估报告或评估结论的当事人

B. 资产评估委托合同应当明确资产评估报告使用人

C. 资产评估报告中无须披露评估报告使用人

D. 评估报告使用人可以是具体的单位或个人

12. 下列各项不属于资产评估基本事项的是（　　）。

A. 评估目的　　B. 相关当事人

C. 评估报告的分发和使用　　D. 评估对象

二、多项选择题

1. 民营企业立得公司拟用生产设备和专利权对民营企业丰华公司进行增资扩股，需要进行资产评估。对于该评估，委托人可以是（　　）。

A. 民营企业立得公司

B. 民营企业丰华公司

C. 民营企业立得公司和民营企业丰华公司

D. 省级财政部门

2. 在上海证券交易所上市的民营企业光华公司与非上市民营企业一得公司并购重组，需要进行资产评估。对于该评估，委托人可以是（　　）。

A. 上海证券交易所　　B. 光华公司

C. 一得公司　　D. 光华公司和一得公司

3. 下列各项关于评估委托人义务的表述，正确的有（　　）。

A. 评估委托人不得对评估行为和评估结果进行非法干预

B. 评估委托人应当按照评估结果向评估机构支付费用，不得索要、收受或者变相索要、收受回扣

C. 评估委托人不得串通、唆使评估机构或者评估专业人员出具虚假评估报告

D. 评估委托人应当对其提供的权属证明、会计信息和其他资料的真实性、完整性和合法性负责

4. 下列各项关于产权持有人（或被评估单位）权利及义务的表述，正确的有（　　）。

A. 当评估委托人与评估对象的产权持有人不是同一主体时，产权持有人可能会作为单独的签约主体出现在资产评估委托合同中

B. 当评估委托人与评估对象的产权持有人不是同一主体时，产权持有人可能会作为由委托人负责协调和安排的对象在合同中体现

C. 目前，《资产评估法》中有单独规范产权持有人（或被评估单位）权利与义务的相关条款

D. 作为签约主体的产权持有人的权利及义务可以在资产评估委托合同中直接约定

5. 某 H 股上市公司甲拟与国内某非上市国有独资公司乙进行合资经营，聘请中青资产评估公司对合资对象进行评估，作为确定股权结构的参考依据。中青资产评估公司已经向所在地省级财政部门备案。在该项资产评估中，相关当事人包括（　　）。

A. H 股上市公司甲

B. 非上市国有独资公司乙

C. 中青资产评估公司及其评估专业人员

D. 乙公司的产权持有单位

6. 如果评估报告使用人未按照法律、行政法规的规定或资产评估报告载明的使用范围和方式使用评估报告，下列各项表述正确的有（　　）。

A. 资产评估机构将承担全部责任

B. 资产评估专业人员不承担责任

C. 资产评估机构和资产评估专业人员都不需承担责任

D. 资产评估专业人员需承担责任，资产评估机构不需承担责任

三、判断题

1. 资产评估行业对于拟上市和已上市公司的资产评估业务，一般情况下可以由资产评估协会委托。（　　）

2. 评估委托人应该按照法律规定和评估报告载明的使用范围使用评估报告及评估结论。（　　）

3.对不作为资产评估委托合同签订方的产权持有人配合资产评估的要求，一般通过约定委托人的协调义务及责任加以实现。（ ）

4.评估对象一般由被委托的资产评估机构控制。（ ）

5.当产权持有人不愿意配合评估工作时，评估专业人员应该与委托人协商，由委托人出面协调产权持有人配合评估工作。（ ）

四、思考分析题

1.对涉及国有资产的评估业务如何确定评估委托人？

2.简要说明评估委托人的权利和义务。

3.简要说明资产评估机构的权利和义务。

4.简要说明报告使用人的权利和义务。

五、综合训练题

C公司委托中青资产评估公司对M公司股权进行评估，评估报告载明的评估委托人是C公司，报告使用人为C公司和其关联公司K公司，评估目的是为C公司和K公司增资M公司提供M公司股权的价值。

在上述经济行为实施过程中，出现一家E公司也需要对M公司增资，但是在资产评估委托合同上没有约定E公司为评估报告使用人，国家法律、法规也没有明确规定应当将E公司作为评估报告的使用人，E公司可能因实施的经济行为与C、K公司一致，而借用中青资产评估公司出具的评估报告。

要求：请说明下列表述是否正确并说明理由。

（1）中青资产评估公司将对E公司使用评估报告后果承担责任；

（2）E公司也属于评估委托合同中的报告使用人；

（3）中青资产评估公司须对C、K公司按要求使用评估报告的后果承担责任；

（4）E公司无须对自己使用评估报告的行为及后果承担责任。

任务二　资产评估目的

一、单项选择题

1.资产评估目的根据评估所服务经济行为的要求确定，其中最常见的评估目的是（　　）。

A.公司设立、增资　　B.抵押

C.转让　　D.税收

2.下列各项关于非货币性资产出资行为的说法，不正确的是（　　）。

A.对作为出资的非货币性财产应当评估作价，核实财产，不得高估或者低估作价

B.股东不得以劳务作价出资

C.股东不得以知识产权作价出资

D.股东不得以信用作价出资

3.下列各项可作为非货币性资产出资行为评估目的的是（　　）。

A.为确定债转股金额和股份数额提供价值参考

B.为上市公司确定资产购买价格和股票发行方案提供参考

C.为确定可出资资产的价值提供参考

D.为确定股东出资金额和股权比例提供参考

4.下列各项不适合用于股东出资资产的是（　　）。

A.货币　　B.特许经营权　　C.知识产权　　D.土地使用权

5.企业采用有限责任公司经审计的净资产账面价值折股变更为股份有限公司时，需要对用于折股的净资产进行评估，该评估业务的目的是（　　）。

A.为确定国有资本出资额或者股份数额提供参考

B.为确定股东出资金额和股权比例提供参考

C.核实企业用于折股的审计后净资产的账面价值是否不低于其市场价值，防止虚折股权/股份的情况发生

D.为会计核算和财务报表编制提供相关资产、资产组等评估对象的公允价值或可收回金额等特定价值的专业意见

6.下列各项中，适用《企业会计准则第8号——资产减值》进行减值测试的资产

是（　　）。

A.存货　　B.无形资产

C.未探明石油天然气矿区权益　　D.持有待售、待处置的非流动资产

二、多项选择题

1.下列各项关于资产评估目的的表述，正确的有（　　）。

A.资产评估目的直接或间接地决定着资产评估工作量的大小

B.评估机构应当根据评估业务的具体条件及评估经验独立确定评估目的

C.资产评估目的是资产评估业务对应的经济行为对资产评估结果的使用要求

D.资产评估目的需要在评估委托合同中明确约定

2.按资产评估经济行为，资产评估目的包括（　　）。

A.转让　　B.抵（质）押

C.公司设立、增资　　D.统计

3.下列行为中，涉及资产转让行为目的的法定评估的有（　　）。

A.国有产权转让　　B.收购非国有资产

C.房地产抵押　　D.企业债权转股权

4.公司制企业改制时，改制企业可以以（　　）折算为国有资本或者股份出资。

A.净资产　　B.知识产权　　C.土地使用权　　D.实物

5.不同评估目的的选择，可能影响的方面有（　　）。

A.价值类型的选择　　B.潜在交易市场的确定

C.评估范围的界定　　D.评估对象的确定

6.金融机构对抵（质）押品进行价值评估的目的通常包括（　　）。

A.了解抵（质）押品价值，作为确定发放贷款的参考依据

B.监控抵（质）押品的价值变化，防范贷款风险

C.为抵（质）押品变现提供价值参考

D.为确定贷款企业信用等级提供参考

7.下列各项需要进行评估的有（　　）。

A.某国有独资企业所属的两家全资子公司之间的资产置换

B.国有控股企业收购非国有企业

C.国有企业拟以非货币性资产对外投资

D.两家国有控股公司合并

8.下列各项中，在设立公司时可以用作出资的资产有（　　）。

A.特许经营权　　B.商标专用权　　C.土地使用权　　D.股权

9.根据《公司注册资本登记管理规定》及《公司法》的规定，股东可以用于作价出资的资产有（　　）。

A.货币　　B.商誉　　C.知识产权　　D.土地使用权

10.下列各项关于资产评估目的的说法，正确的有（　　）。

A.转让行为的评估目的是确定转让标的资产的价值，为转让定价提供参考

B.贷款发放前设定抵（质）押权的评估，评估目的是了解用于抵押或者质押资产的价值，作为确定发放贷款的参考依据

C.实现抵（质）押权的评估，评估的目的是确定抵（质）押品的价值，为抵（质）押品折价或变现提供参考

D.贷款存续期对抵（质）押品价值动态管理所要求的评估，评估目的是监控抵（质）押品的价值变化，为贷款风险防范提供参考

三、判断题

1.同一项资产在不同的评估目的下，评估值是不相同的。（　　）

2.资产评估专业人员在承接资产评估业务时应与委托人沟通确定资产评估目的。（　　）

3.知识产权质押属于资产转让行为目的的法定评估。（　　）

4.按资产评估经济行为，税收属于资产评估目的。（　　）

5.不同评估目的的选择，可能会影响评估所服务经济行为的要求。（　　）

6.国有独资企业与国有控股企业之间的资产置换经济事项需要进行评估。（　　）

7.商誉作为一项资产，在设立公司时可用作出资的资产。（　　）

8.非货币性资产出资行为的评估目的是确定评估标的资产的价值，为上市公司确定资产购买价格和股票发行方案提供参考。（　　）

四、思考分析题

1.什么是资产评估目的，其作用是什么？在评估中如何进行确定？

2.依据资产业务类型，资产评估目的可分为哪几大类？进一步具体说明。

任务三　资产评估对象

一、单项选择题

1.下列各项关于资产评估对象的表述，错误的是（　　）。

A.一座工厂厂房及厂房内的机器设备可以作为一个整体，成为资产评估对象

B.一家企业可以是多个业务资产组的组合，整体企业或资产组的评估对象通常指其权益

C.整体企业可以是资产评估对象

D.资产损失不能作为资产评估对象

2.将企业作为整体进行评估，其评估对象一般为企业的（　　）。

A.整体投资　　B.股权+债权　　C.股权　　D.债权

3.境内一上市公司甲公司有两个独立的业务X和Y，因业务转型升级，现要将其中的业务Y转让，需要进行资产评估。该资产评估的评估对象是（　　）。

A.甲公司对该业务的权益　　B.甲公司的各单项资产

C.甲公司的股权　　D.甲公司的整体资产

4.某会计师事务所是一家特殊普通合伙企业，其合伙人拟进行产权转让，现需要对其进行转让目的的评估，该资产评估的对象应是该会计师事务所的（　　）。

A.相关合伙人权益　　B.相关合伙人的股权和债权

C.所有合伙人权益　　D.总资产和各单项资产

5.甲公司长期投资于A公司和B公司，现拟转让对B公司的长期投资，需要对B公司进行转让目的的评估，则该项评估的对象应是（　　）。

A.B公司的各单项资产　　B.甲公司的各单项资产

C.B公司的股权　　D.甲公司的股权

6.依据法律法规的规定和经济行为要求，评估对象的相关人员是（　　）。

A.委托人　　B.资产评估专业人员

C.责任方　　D.资产评估机构评估负责人

7.某加油站与甲运输公司签订一个为期5年、每年供应30 000升95号汽油的供应合同。对供应合同进行评估。下列各项关于评估对象的说法，正确的是（　　）。

A.如果合同没有规定油价，则评估对象为客户关系无形资产

B.如果合同没有规定油价，则评估对象为合同权益无形资产

C.如果合同规定了油价且油价高于市场价，则评估对象为合同权益无形资产

D.如果合同规定了油价且油价高于市场价，则评估对象为客户关系无形资产

8.有限责任公司以经审计的净资产账面价值折股变更为股份有限公司的，资产评估对象和范围均是（　　）。

A.有限责任公司的全部资产

B.有限责任公司的全部负债

C.有限责任公司的股东权益

D.有限责任公司按照《公司法》的规定可以作为出资的可辨认资产和相关负债

9.甲有限责任公司包括三个长期投资企业M公司、N公司和F公司，现投资人需要对甲公司进行产权转让目的的评估，则评估对象是（　　）。

A.甲公司的股权　　B.甲公司的可辨认资产

C.甲公司的所有负债　　D.甲公司对M公司的权益

10.乙公司是国有控股的有限责任公司，现变更为股份有限公司，需要进行资产评

估，则评估对象是（　　）。

A.该企业的整体投资

B.该企业的全部资产

C.该企业按照《公司法》的规定可以作为出资的可辨认资产和相关负债

D.该企业的股东权益

11.整体企业是由一个或多个资产组构成的。整体企业或资产组合的评估对象通常指其（　　）。

A.资产　　B.负债　　C.权益　　D.利润

12.下列各项关于资产评估范围的说法，错误的是（　　）。

A.资产评估范围是对评估对象所进行的详细描述

B.当评估对象为企业的可用于出资的资产时，评估范围包括商誉

C.当企业价值评估的对象是企业股权时，评估范围应该是被评估企业的全部资产和负债，包括可辨认的资产和不可辨认的资产

D.资产评估范围是资产评估专业人员根据评估目的界定的评估对象资产边界

二、多项选择题

1.评估机构和评估专业人员在确定资产评估对象的过程中，起到的作用有（　　）。

A.直接确定评估对象

B.关注委托人确定的评估对象是否符合法律法规的规定、满足经济行为要求

C.必要时向委托人提供专业建议

D.与委托人一起确定评估对象

2.下列各项关于业务资产组评估对象的组成的说法，正确的有（　　）。

A.包括相关单项资产

B.从资产组组成的负债方角度分析，资产组是所有者权益和债权权益

C.从资产组组成的资产方角度分析，资产组实际相当于企业的资产

D.包括形成这些资产的资金来源，如股权投资或债券投资

3.下列各项属于证券期货类资产评估业务的有（　　）。

A.涉及证券及期货交易所的评估业务

B.涉及证券及期货经营机构的资产评估业务

C.涉及为司法机关审判提供司法鉴定的业务

D.涉及各类已发行或者拟发行证券的企业的各类资产评估业务

4.按照国有资产管理要求，向非国有投资者转让国有产权必须纳入评估范围的无形资产有（　　）。

A.商誉　　B.商标权　　C.专利权　　D.负债

5.按资产的组合形式，资产评估对象可以分为（　　）。

A.资产损失　　B.单项资产

C.资产组合　　D.整体企业（或单位）

6.下列各项关于经济行为对应的评估对象及范围的说法，正确的有（　　）。

A.转让行为的评估对象是转让行为对应的标的资产
B.抵（质）押行为的资产评估对象为相关抵（质）押物
C.在公司增资时，当评估目的是确定非货币性增资资产的价值，作为确定增资资本的参考依据时，评估对象是用于增资的非货币性资产
D.公允价值计量的评估对象是需要以公允价值计量的相关资产或负债，具体对象是单项资产或负债

三、判断题

1.一有限责任公司拟以经审计的净资产账面价值折股变更为股份有限公司，该目的的评估对象可以设定为组成该企业的各单项资产和负债。（ ）
2.评估一单体写字楼，因该写字楼包括房屋建筑物、电梯、空调设备等，所以该单体写字楼不可以作为单项评估对象。（ ）
3.商标可以作为一种资产评估对象进行评估。（ ）
4.对于还在申请阶段的专利，其专利申请权不可以作为评估对象。（ ）
5.将企业作为一个整体评估，其评估对象一般为企业的整体投资。（ ）
6.评估范围是对评估对象的详细描述。（ ）
7.资产评估对象通常包括单项资产、资产组合、企业价值、金融权益、资产损失或者其他经济权益。（ ）
8.涉及证券登记结算的业务可以作为证券期货类资产评估业务进行评估。（ ）

四、思考分析题

1.什么是资产评估对象，包括的内容有哪些？

2.说明资产评估对象的组成。

3.什么是资产评估范围，如何进行分类？

4. 说明转让和抵（质）押经济行为对应的评估对象和范围。

五、综合训练题

国有控股有限责任公司甲拟以经审计的净资产账面价值折股变更为乙股份有限公司，需要进行资产评估。

要求：分析下列各项是否可以作为评估对象，并说明理由。

（1）甲有限责任公司的整体权益；

（2）组成甲有限责任公司的各单项资产和负债；

（3）乙有限责任公司的股权；

（4）甲有限责任公司的净资产。

任务四　资产评估基准日与报告日

一、单项选择题

1. 目前，国有资产评估大多为（　　）。

A. 现时性评估　　B. 追溯性评估　　C. 预测性评估　　D. 时效性评估

2. 如果评估基准日选择的是未来的日期，而非评估工作日近期时点，则这样的评估属于（　　）。

A. 现时性评估　　B. 追溯性评估　　C. 预测性评估　　D. 时效性评估

3. 企业合并对价分摊资产评估的评估基准日应当选择（　　）。

A. 委托合同签订日

B. 发行股票的定价日

C. 应税行为发生所对应的时点

D. 购买方实际取得被购买方控制权的日期

4. 下列关于资产评估基准日的表述，错误的是（　　）。

A. 资产评估结论的使用有效期是以评估基准日为基础确定的

B. 对于上市公司发行股票购买资产等重大资产重组事项，资产评估基准日应该尽量与发行股票的定价日相近

C. 如果评估基准日选择的是过去的日期而非评估工作日近期时点，这样的评估就属于追溯性评估

D. 资产评估机构和评估专业人员应当依据评估业务的具体情况合理确定评估基准日

5.负责选择资产评估基准日的人是（　　）。

A.产权持有人　　B.资产评估机构

C.委托人　　D.资产评估专业人员

6.对涉及国有资产的资产评估项目，经核准或备案的资产评估结果使用有效期为自评估基准日起（　　）内。

A.半年　　B.1年　　C.2年　　D.3年

7.当评估报告引用的专业报告是审计报告时，审计的截止日与评估基准日之间的关系是（　　）。

A.审计的截止日应早于评估基准日

B.二者应保持一致

C.审计的截止日应晚于评估基准日

D.审计的截止日与评估基准日之间无对应关系

8.通常情况下，下列各项属于评估结论形成日期的是（　　）。

A.审计日　　B.资产评估报告日

C.评估基准日　　D.接受委托日

9.下列各项关于资产评估基准日的表述，正确的是（　　）。

A.中青资产评估公司引用审计报告，评估国有资产业务的评估基准日为2021年的12月31日，则要求为评估服务的审计报告的截止日也应当是2021年12月31日

B.D公司为国有企业，其资产的评估大多数为现时性评估，评估基准日应该选择与评估目的相关联的经济行为发生日相近的日期

C.当评估报告引用土地使用权估价报告的结论时，只需考虑土地使用权估价报告的结论在评估报告的评估基准日是否处于法定使用有效期内

D.确定计税价值资产评估的评估基准日应选择评估行为发生所对应的时点

10.中青资产评估机构接受W公司委托，评估一台机器设备在2021年5月1日的市场价值。中青资产评估机构于2021年5月3日开始执行评估程序，于5月18日撤离评估现场，5月26日形成评估结论，在当年6月2日出具评估报告。在当年5月24日，该机器设备的市场价值突然发生巨大变化。根据上述资料，下列各项表述正确的是（　　）。

A.评估人员应就5月24日评估对象市场价值的变化向主管部门反映

B.评估机构应在出具的评估报告中披露这项较重大的变化

C.如果5月24日发生的事项足以对评估结论产生颠覆性影响，评估机构应当要求评估委托人更改评估报告日重新评估

D.评估人员需要提醒评估机构注意该期后事项对评估结论可能产生的影响

11.确定资产评估基准日的目的是（　　）。

A.确定评估对象计价的时间

B.确定评估机构的工作日程

C.将动态下的企业资产固定在某一时期

D.将动态下的企业资产固定在某一时点

12.某资产评估项目，评估基准日为2020年12月31日，评估现场工作完成日为2021年1月20日，评估结论形成日为2021年2月5日，评估报告签发日为2021年2月10日，评估报告提交日为2021年2月15日，则该评估报告的报告日是（　　）。

A.2021年2月15日　　B.2021年2月10日

C.2021年2月5日　　D.2021年1月20日

二、多项选择题

1.下列各项中，属于选取评估基准日时需要重点考虑的因素的有（　　）。

A.有利于现场调查、评估资料收集等工作的开展

B.法律、法规有专门规定的，从其规定

C.有利于评估结论有效服务于评估目的

D.明确评估结论所对应的时点

2.下列各项关于资产评估基准日的选择，正确的有（　　）。

A.现时性评估的评估基准日需要选择现时日期，同时应该选择与评估目的相关联的经济行为或特定事项的实施日期接近的日期

B.核定税基、确定计税价值资产评估的评估基准日应选择应税行为发生所对应的时点

C.企业合并对价分摊资产评估的评估基准日应当选择购买日

D.对于上市公司发行股票购买资产等重大资产重组事项，资产评估基准日应该尽量与发行股票的定价日相近

3.下列各项关于资产评估基准日的表述，正确的是（　　）。

A.评估基准日通常是现在时点，也可以是过去或将来的时点

B.如果评估基准日选择的是现时日期，这样的评估就是现时性评估

C.预测性评估采用的是被预测基准日预期的市场条件和价格标准（依据）

D.通常，只有当评估基准日与经济行为实现日相距不超过半年时，才可以使用资产评估报告

4.2021年2月3日，C公司准备于当年5月转让其厂房内一机器设备，委托中青资产评估公司评估C公司欲转让的机器设备在当年1月31日的价值，已商议于当年2月28日前出具评估报告，规定评估报告使用有效期为5个月。中青资产评估公司于2月20日形成评估结论，于2月28日出具评估报告。下列表述中，正确的是（　　）。

A.1月31日即为资产评估基准日

B.2月28日即为资产评估报告日

C.资产评估结论的使用有效期是以评估基准日为基础确定的

D.当年9月1日，中青资产评估公司出具的评估报告仍然有效

5.下列各项关于资产评估报告日的表述，正确的是（　　）。

A.中青资产评估公司为N公司评估一栋房屋，评估基准日前，中青资产评估公司仍然负有对被评估的房屋发生重大变化进行了解和披露的义务

B.中青资产评估公司为C公司评估一台机器设备，形成评估结论的日期，为资产

评估报告日

C. 中青资产评估公司为G公司评估一项专利权，在评估基准日到评估报告日之间，被评估的专利权发生重大变化，评估机构有义务对该重大变化以及可能对评估结论产生的影响在评估报告中进行披露

D. 中青资产评估公司为A公司评估一台机器设备，评估报告日后，中青评估机构不再负有对被评估的机器设备发生重大变化进行了解和披露的义务

6. 下列各项关于资产评估基准日的表述中，正确的是（　　）。

A. 企业价值评估业务中评估基准日应当尽可能选择会计期末

B. 现时性评估的评估基准日应当选择与评估目的相关联的经济行为实施日期相近的日期

C. 评估基准日的选择可以参考资产评估专业人员的建议

D. 上市公司股份价值确定的基准日应与国有股东资产评估的基准日一致，且与国有股东产权直接持有单位对该产权变动决策的日期相差不得超过3个月

三、判断题

1. 企业价值评估业务中评估基准日应尽可能选择会计期末。（　　）

2. 上市公司股份价值确定的基准日应有别于国有股东资产评估的基准日。（　　）

3. 评估基准日通常是现在时点，也可以是过去或将来的时点。（　　）

4. 预测性评估采用的是被预测基准日预期的市场条件和价格标准（依据）。（　　）

5. 资产评估报告日后，评估机构不再负有对被评估资产重大变化进行了解和披露的义务。（　　）

6. 委托人需要评估机构评估资产在什么时点上的价值，这个时间点就是资产评估报告日。（　　）

7. 当评估报告引用的专业报告是审计报告时，审计的截止日一般应与评估基准日保持一致。（　　）

四、思考分析题

1. 什么是资产评估基准日？其作用有哪些？

2. 什么是资产评估报告日？说明资产评估报告日的法律意义。

五、综合训练题

1.立德股份有限公司拟于2021年10月出售一套进口生产设备，遂委托中青资产评估公司对该设备2021年6月30日的价值进行评估。中青资产评估公司于2021年7月15日开始评估现场工作，2021年8月15日形成评估结论，2021年8月20日提交资产评估报告，有效期一年。评估专业人员引用了截止日为2021年3月31日的该设备的审计报告。2021年8月25日生产设备的市场状况突变，评估机构未对突变情况进行了解和披露。

要求：根据上述资料请分析回答下列问题。

（1）该评估的评估基准日是什么？评估报告日是什么？有效期截止到何时？

（2）资产评估报告日的法律意义是什么？

（3）评估专业人员引用审计报告的行为是否恰当？为什么？

（4）什么是资产评估期后事项？

（5）资产评估期后事项的处理原则是什么？中青资产评估公司的处理是否恰当？为什么？

2.2021年6月，A公司拟将其拥有的某厂房转让给B公司，委托中青资产评估公司进行了评估。评估报告载明的评估委托人是A公司，报告使用人为A公司和B公司，评估目的是为A公司和B公司之间的交易确定厂房的价值。在上述经济行为实施过程中，出现一家D公司因业务拓展，也想买该厂房，并借用了中青资产评估公司出具的评估报告。但是在资产评估委托合同上没有约定D公司为评估报告使用人，国家法律、法规也没有明确规定应当将D公司作为评估报告的使用人。

要求：根据上述资料请分析回答下列问题。

（1）什么是“评估报告使用人”？“评估报告使用人”的范围包括什么？

（2）如果D公司在使用资产评估报告的过程中出现纰漏，中青资产评估公司需要对此承担责任吗？为什么？

任务五　价值类型

一、单项选择题

1.资产评估主要价值类型不包括（　　）。

A.在用价值　　B.清算价值　　C.残余价值　　D.平均价值

2.下列关于市场价值的说法中，不正确的是（　　）。

A.市场价值主要受交易标的因素和交易市场因素的影响

B.不同获利能力的资产有不同的市场价值

C.影响市场价值的因素会受到个别市场参与者个人因素的影响

D.市场价值既是卖方能够合理获取的最好售价，也是买方能够合理取得的最有利价格

3.甲评估机构接受委托对某一知识产权出资进行评估，确定其财产价值，通常可以选择使用的价值类型是（　　）。

A.公允价值　　B.在用价值　　C.市场价值　　D.投资价值

4.在确定计税价值和税基的评估时，税收征管部门通常要求使用的价值类型是（　　）。

A.公允价值　　B.市场价值　　C.投资价值　　D.在用价值

5.甲企业准备出售一项暂时不用的机器设备，机器设备的运行状况良好，现甲企业委托中青资产评估公司对该机器设备进行评估，应选择的价值类型是（　　）。

A.投资价值　　B.在用价值　　C.市场价值　　D.残余价值

6.甲公司和乙公司准备共同出资在中国设立一家有限责任公司，甲公司以现金出资，乙公司以生产设备和土地使用权出资。现需要对该生产设备和土地使用权进行评估，应该选择的价值类型是（　　）。

A.投资价值　　B.市场价值　　C.在用价值　　D.清算价值

7.某国有企业甲为拓展境外业务，计划到英国收购一家公司，该公司是当地证券交易所上市的公司。现要对该标的公司进行评估，应该选择的价值类型是（　　）。

A.清算价值　　B.投资价值　　C.在用价值　　D.市场价值

8.甲商场是一家大型商场，但其外围场地有限，为满足顾客的停车需要，确定收购相邻的一个停车场乙，若要考虑协同效应，则评估时一般选择的价值类型是（　　）。

A.在用价值　　B.投资价值　　C.清算价值　　D.市场价值

9.甲公司拥有一家大型超市，乙公司拥有一家中式快餐企业，两家公司位置相邻。现在甲公司要收购乙公司，应该选择的价值类型是（　　）。

A.清算价值　　B.在用价值　　C.投资价值　　D.市场价值

10.甲评估专业人员对一条生产线进行评估，该生产线是委托企业的要素资产，如果在评估业务执行过程中只需要考虑以该生产线未来经营收益的方式来确定资产的价值，则选择的价值类型应是（　　）。

A.公允价值　　B.投资价值　　C.市场价值　　D.在用价值

11.下列资产评估价值类型中，与“退出价格”相匹配的价值类型是（　　）。

A.投资价值　　B.清算价值　　C.市场价值　　D.在用价值

12.甲评估机构接受委托对某制造企业的20台大型生产用机器进行评估，经查，该批机器为10年前购入，已不再具有使用价值，但其输送系统部分的零部件尚可以继续利用，存在继续使用的价值。则评估时选择的价值类型应是（　　）。

A.在用价值　　B.投资价值　　C.市场价值　　D.残余价值

13.机器设备、房屋建筑物或者其他有形资产等的拆零变现价值估计数额是指（　　）。

A.公允价值　　B.清算价值　　C.残余价值　　D.市场价值

14.下列关于价值类型的说法中，错误的是（　　）。

A.资产减值测试中的在用价值是标的资产的公允价值

B.投资价值中所指的特定市场参与者的特征之一，表现为其所拥有的资产与标的资产之间存在特定协同效应

C.当评估对象面临强制性快速变现时应当采用清算价值

D.因国家能源环保等产业政策需要整体报废的机器设备一般选用残余价值

15.直接或间接地决定和制约资产评估价值类型选择的是（　　）。

A.资产评估机构　　B.资产评估专业人员

C.评估目的　　D.评估程序

16.某造纸厂拥有一套卫生纸生产设备，因废水污染，按国家有关产业政策，该造纸厂需要关停，卫生纸生产设备需要淘汰，不能异地使用，但是部分部件还可以利用。现需要对该造纸厂进行清算目的的评估，应该选择的价值类型是（　　）。

A.投资价值　　B.在用价值　　C.清算价值　　D.残余价值

二、多项选择题

1.下列各项属于市场价值以外的价值类型的有（　　）。

A.清算价值　　B.在用价值　　C.协议价值　　D.投资价值

2.下列各项关于价值类型的表述，正确的有（　　）。

A.市场价值是在适当的市场条件下，自愿买方和自愿卖方在各自理性行事且未受任何强迫的情况下，评估对象在评估报告日进行公平交易的价值估计数额

B.清算价值是评估对象在被胁迫退出等情况下的退出价

C.残余价值是将一项资产拆除成零件进行变现的价值

D.甲企业有一项资产，现在将其作为甲企业的组成部分按其正在使用方式和程度及其对甲企业的贡献作出的价值估计，这个估计数额就是在用价值

3.下列各项属于选择市场价值作为评估结论的价值类型前提条件的有（　　）。

A.评估专业人员执行的资产评估业务对市场条件无特别限制和要求

B.评估专业人员执行的资产评估业务对评估对象的使用需特别限制和要求

C.不考虑特定市场参与者的自身因素和偏好

D.评估目的是为正常的交易提供价值参考依据

4.下列各项关于投资价值的表述，正确的有（　　）。

A.资产相同，评估目的相同，对于不同的投资者，评估的价值应当相同

B.特定的投资者一定不是主要的市场参与者，或者其数量不足以达到市场参与者的多数

C.投资价值是指评估对象对于具有明确投资目标的特定投资者或者某一类投资者所具有的价值估计数额

D.投资价值交易者可能是一个特定的交易者，也可能是一类特定的投资者

5.投资价值的影响因素包括（　　）。

A.交易标的因素　　B.交易市场因素

C.特定交易者的投资偏好　　D.追求协同效应

6. 价值类型在资产评估中的作用主要表现为（　　）。

A. 可以明确评估结论所对应的时点

B. 价值类型对资产评估方法的选择具有一定的影响，价值类型实际上是评估价值的一个具体标准

C. 明确价值类型，可以更清楚地表达评估结论，可以避免评估委托人和其他报告使用人误用评估结论

D. 价值类型是影响和决定资产评估价值的重要因素

7. 评估专业人员李某受中青资产评估公司委派，对乙公司的一项资产进行评估。经查，该资产可以在多个市场上交易。符合题意的选项有（　　）。

A. 李某需要在评估报告中恰当披露所选择的市场价值是哪个市场的市场价值

B. 李某需要使用多个市场价值的平均值作为该资产的评估价值

C. 李某应该说明选择使用哪个市场价值的理由

D. 李某需要选择该资产所处行业的公允价值作为评估价值

8. 下列各项关于价值类型的表述，正确的有（　　）。

A. 主要价值类型包括市场价值、投资价值、在用价值、清算价值和残余价值等

B. 市场价值是指将评估对象作为企业组成部分或者要素资产按其正在使用方式和程度及其对所属企业的贡献得到的价值估计数额

C. 评估人员执行资产评估业务，选择和使用价值类型，应当充分考虑评估目的、市场条件、评估对象自身条件等因素，还应当考虑价值类型与评估假设的相关性

D. 价值类型是影响和决定资产评估价值的重要因素

三、判断题

1. 投资价值与市场价值相比，最为重要的差异在于，投资价值会受到特定交易者的投资偏好或所追求协同因素的影响。（　　）

2. 非市场价值是相对于市场价值而言的一个概念，是市场价值以外的价值，如在用价值、投资价值等。（　　）

3. 考虑市场充分竞争因素是评估资产在用价值时需满足的评估条件之一。（　　）

4. 资产的使用方式是投资价值的影响因素。（　　）

5. 交易标的是影响市场价值的主要因素。（　　）

四、思考分析题

1. 简要说明价值类型的作用。

2.简要说明在资产评估中如何选择价值类型。

五、综合训练题

1.国内某国有企业计划到加拿大收购C企业集团的一个子公司，该标的公司是当地证券交易所上市的公司，现委托中青资产评估公司对该标的企业进行评估。

要求：根据上述资料回答下列问题。

（1）请说明该项评估业务中的评估对象。

（2）评估机构专业人员应当选择何种价值类型？

（3）评估机构专业人员是否可以按照持续经营假设，完全参考其历史经营数据预测未来？

（4）评估中，评估师假设该标的公司今后将改进销售网络、优化销售模式，进而使业绩大幅提高。这种假设是否合理？

（5）该评估是法定评估还是非法定评估？为什么？

2.甲公司因资产重组，拟将锻压车间的一台设备出售，现委托中青资产评估公司对该设备的价值进行评估，评估基准日为2021年12月31日。设备资料见表2-1。

表2-1　设备资料

设备名称	双盘摩擦压力机
规格型号	53-300
制造厂家	丙机械厂
启用日期	2016年
原价	100 000元
税法规定折旧年限	10年
已用年限	5年
尚可使用年限	6年

中青资产评估公司评估人员经过分析，对该设备评估时选择的价值类型有四种不同的意见：A评估师认为应该选择清算价值；B评估师认为应该选择市场价值；C评估师认为应该选择残余价值；D评估师认为应该选择在用价值。

要求：根据上述资料回答下列问题。

（1）哪位评估师的说法正确，为什么？

（2）根据问题（1）的结果，说明该种价值类型有什么特点？
（3）价值类型在资产评估中有哪些作用？

任务六　资产评估假设

一、单项选择题

1. 下列各项属于资产评估得以进行的最基本前提假设的是（　　）。
A. 公开市场假设　　B. 交易假设
C. 清算假设　　D. 在用续用假设

2. 下列各项关于交易假设的表述，错误的是（　　）。
A. 交易假设是资产评估得以执行的最基本的假设
B. 交易假设即假定所有拟评估资产已经处在交易过程中
C. 交易假设适用于经济行为为产权及经营主体变动的资产评估业务
D. 贡献原则是对交易假设和公开市场假设的一个反映

3. 下列各项关于公开市场假设的表述，错误的是（　　）。
A. 公开市场假设的核心是资产的市场价值是由其他力量垄断或者强制决定的
B. 公开市场假设是指资产可以在充分竞争的市场上自由买卖，其价格高低取决于一定市场的供需状况下独立的买卖双方对资产的价值判断
C. 公开市场假设是对拟进入的市场条件，以及资产在较为完善市场条件下接受何种影响的一种假定说明或限定
D. 公开市场假设认为资产的交易是十分活跃的

4. 下列各项关于持续经营假设的表述，错误的是（　　）。
A. 持续经营假设要求经营主体在其可以预见的未来不会停止经营
B. 持续经营假设针对的经营主体只能是企业，不能是业务资产组
C. 持续经营假设主要是针对经营主体，不适用于单项资产
D. 通常，持续经营假设是采用收益法评估企业等经营主体价值的基础

5. 甲企业合同规定的经营期满，打算终止经营，若要自主对本身的资产进行清理，则体现为（　　）的使用。
A. 持续经营假设　　B. 有序清算假设
C. 强制清算假设　　D. 最佳使用假设

6. 甲企业因城市建设规划搬迁，对计划停产搬迁的三条大型生产线分别进行评估，评估时使用的假设为（　　）。
A. 现状利用假设　　B. 最佳使用假设
C. 异地续用假设　　D. 有序清算假设

7. 下列各项关于异地续用假设的表述，错误的是（　　）。
A. 异地续用假设是针对单项资产的评估假设

B.异地续用假设一般多用于评估可移动的资产

C.新公司将在一个新地址安装使用一条生产线，并且约定出资方负责将该生产线迁移到新地址并负责安装调试，此时需要选择异地续用假设

D.污水处理厂搬迁，原设备需要转让，不可以采用异地续用假设对其评估

8.下列各项关于资产评估假设的表述，错误的是（　　）。

A.原地续用假设的资产使用方式和目的可能不变，也可能会改变

B.持续经营假设不但是一项资产评估假设，也是一项会计假设

C.持续经营假设可以是针对某个业务资产组的假设

D.采用最佳使用假设的充分必要条件是技术上可能、经济上可行

9.甲工业企业合法拥有一项土地使用权，国有土地使用证载明用途为工业，最佳用途为商业，如果该企业有权通过履行规定的程序改变土地用途，并能够提供支持按商业用途评估的规划资料，且正在考虑支付必要的变更成本，评估时采用的假设为（　　）。

A.现状利用假设　　B.最佳使用假设

C.异地续用假设　　D.原地续用假设

10.下列各项关于最佳使用假设应用的表述，错误的是（　　）。

A.最佳使用假设多用于房地产评估

B.适合某种房地产的最佳使用状态只能是改变用途、改变规模、更新改造三者中的一个

C.房地产的最佳使用必须是法律上允许、技术上可能、经济上可行，经过充分合理论证的使用状态

D.最佳使用通常是对一项存在多种不同用途或利用方式的资产进行评估时，选择最佳的用途或利用方式

二、多项选择题

1.下列各项属于资产评估假设的有（　　）。

A.公开市场假设　　B.有序清算假设

C.企业主体假设　　D.交易假设

2.与清算有关的评估假设包括（　　）。

A.公允清算假设　　B.强制清算假设

C.历史清算假设　　D.有序清算假设

3.针对单项资产，反映评估对象存续及使用状态方面的评估假设主要包括（　　）。

A.最佳使用假设　　B.现状利用假设

C.异地续用假设　　D.持续经营假设

4.下列各项属于评估的交易及市场条件假设的有（　　）。

A.原地续用假设　　B.交易假设

C.清算假设　　D.公开市场假设

5.下列各项符合资产评估假设的选择、应用要求的有（　　）。

A.合理性　　B.针对性

C.客观性　　　　　　　　　　　　　　D.相关性

6.下列各项关于常见的资产评估假设应用的表述，具有合理性的有（　　）。

A.某企业因城市规划建设搬迁，涉及对企业资产补偿和收益损失补偿评估，对于搬迁资产的评估，采用异地续用假设

B.因为房屋和土地经常存在多种用途或利用方式，因此在评估其市场价值时，按最佳使用状态进行评估

C.某评估项目，评估按照企业提供的预测资料进行，并假设企业未来按照企业提出的计划如期实现

D.某企业破产清算评估项目，清算组制订并经债权人会议表决通过清算方案，要求在限定时间内处置完可变现资产。对可变现资产评估，假设为强制清算

7.下列各项关于评估假设的表述，正确的有（　　）。

A.交易假设是资产评估中的一个最基本的前提假设

B.公开市场假设中，公开市场是指一个有众多买者和卖者的充分竞争的市场，资产的交换价值有时由个别交易案例决定

C.公开市场假设是资产评估假设中其他假设的基本参照

D.持续经营假设是指假设一个经营主体的经营活动可以持续下去

8.当没有相反的证据证明该经营主体不能满足持续经营的条件时，通常可以假设该经营主体持续经营。对“相反证据”的理解，下列各项表述正确的有（　　）。

A.指那些表明相关主体很可能将结束经营的证据

B.合同规定的经营期满

C.重大诉讼可能败诉

D.企业资不抵债面临破产

三、判断题

1.交易假设是资产评估得以进行的一个最基本的前提假设。（　　）

2.资产评估假设的选择、使用应该首先考虑其合理性、针对性和相关性。（　　）

3.资产评估主要服务于资产交易。（　　）

4.持续经营假设主要针对单项资产。（　　）

四、思考分析题

1.什么是资产评估假设？如何理解资产评估的交易假设、公开市场假设、持续经营假设、有序清算假设、强制清算假设、原地续用假设、异地续用假设、最佳使用假设和现状利用假设？

2. 资产评估假设应用需要考虑的基本因素有哪些?

五、综合训练题

A连锁商城一直被视为某省零售业的创新者。早在20世纪80年代，A商城成为第一家使用商店商标的零售商，其咖啡商品一律以“充满活力”的品牌售出，其茶叶是以商店商标出售的。在促销方面A商城于20世纪90年代首创消费者优待基金以鼓励忠诚的顾客重复购买。2008年该商城成为第一个赞助无线电节目的食品零售商。A商城旗下有众多的连锁店，2021年12月旗下的甲、乙两个连锁商店停业准备评估，甲商店是因为经营期限届满，并且不再准备续约，而乙商店是因为经营不善破产。评估专业人员将对这两个连锁商店进行评估。

要求：根据上述资料回答下列问题。

（1）甲、乙两个商店是否适用于持续经营假设，为什么?

（2）甲商店适用于哪种评估假设，为什么?

（3）乙商店适用于哪种评估假设，为什么?

项目三

资产评估程序

任务一　资产评估程序认知

一、单项选择题

1. 下列各项关于资产评估程序的表述，错误的是（　　）。
   A. 资产评估机构及其资产评估专业人员不得随意减少资产评估基本程序
   B. 进行评估现场调查属于资产评估项目承接、组织阶段的基本程序
   C. 资产评估业务不同，每项基本程序需要执行的具体工作步骤也有差异
   D. 履行资产评估程序有助于防范评估执业风险
2. 资产评估程序的第一个环节是（　　）。
   A. 编制资产评估计划
   B. 进行评估现场调查
   C. 明确资产评估业务基本事项
   D. 收集整理评估资料

二、多项选择题

1. 下列各项关于资产评估程序的表述，正确的有（　　）。
   A. 相关资产评估准则规范的是资产评估机构和资产评估专业人员
   B.《资产评估法》和相关资产评估准则规范的内容都涵盖了评估业务开展的主要环节
   C. 评估报告使用是相关资产评估准则规范的评估环节
   D. 不同的资产评估业务由于评估对象、评估目的不同，资产评估专业人员对每项基本程序需要执行的具体工作步骤的要求是一样的
2. 下列各项属于评估项目进入实施阶段前需要做的工作有（　　）。
   A. 收集整理评估资料　　B. 订立业务委托合同
   C. 编制资产评估计划　　D. 明确业务基本事项
3. 履行资产评估程序的作用包括（　　）。
   A. 保证资产评估行为的合法性　　B. 保障资产评估业务质量
   C. 防范评估执业风险　　D. 保证评估结论的客观性

三、判断题

1.《资产评估法》从资产评估机构及资产评估专业人员的角度，从受理评估业务直至归集评估档案，规定了执行资产评估业务过程要求的具体工作步骤。（　　）

2. 保证资产评估的及时性是履行资产评估程序的作用之一。（　　）

四、思考分析题

1. 什么是资产评估程序？《资产评估法》规定的评估程序包括哪些内容？《资产评估基本准则》和《资产评估执业准则——资产评估程序》规定的评估程序包括哪些内容？

2. 简要说明《资产评估法》和相关资产评估准则在评估程序规范方面的异同。

3. 说明履行资产评估程序的作用有哪些。

任务二 明确业务基本事项

一、单项选择题

1. 在执行明确资产评估业务基本事项程序时，关于明确委托人、产权持有人和委托人以外的其他评估报告使用人的表述，不正确的是（　　）。

A. 评估机构应当了解除委托人和国家法律、法规规定的评估报告使用人外，是否还存在其他的评估报告使用人

B. 如果存在其他的评估报告使用人，评估机构应当在适当及切实可行的情况下了解其与委托人和被评估企业或资产的关系

C. 第三者委托评估机构对拟评估资产进行评估，一般应事先通知产权持有人、资产管理者或征得资产管理者的同意，这往往是评估业务的先决条件

D. 对于已经明确的评估报告其他使用人，可以在资产评估委托合同外另行约定

2. 下列各项关于明确评估对象和评估范围的表述，正确的是（　　）。

A. 评估机构应凭借对评估目的的把握和专业经验，合理确定评估范围

B. 评估范围的界定应服从于评估对象的选择

C.应由资产评估专业人员就具体评估对象所对应的评估范围明细清单进行确认

D.确定评估对象和评估范围，是资产评估专业人员的履职责任

3.下列各项关于评估报告提交时间的表述，正确的是（　　）。

A.评估报告应该在评估开始后1个月内提交

B.评估报告应该在开始现场工作、委托人提供必要资料后15日内提交

C.评估报告应该在撰写完成报告及有关说明后5日内提交

D.评估报告应该在评估档案整理归集后10日内提交

4.在对评估机构及人员进行专业能力、独立性、业务风险评价时，下列各项属于独立性分析的是（　　）。

A.判断委托人所对应的经济行为是否获得相关审批

B.确定评估对象的产权是否明晰

C.判断评估专业人员是否有能力胜任评估工作

D.筛查与委托人有利益冲突的评估人员

5.面对一项资产评估业务，资产评估机构需要考虑是否受理。下列各项属于影响资产评估机构是否受理该资产评估业务的因素的是（　　）。

A.评估方法的选择　　B.评估基准日

C.价值类型　　D.评估机构及人员的专业能力

6.资产评估专业人员在承接资产评估业务时，应当按准则规定进行综合分析与评价的事项中，一般不包括（　　）。

A.独立性分析与评价　　B.评估方法实用性分析与评价

C.专业能力分析与评价　　D.业务风险分析与评价

7.明确委托人及产权持有人的基本情况，下列各项不包括的是（　　）。

A.委托人及产权持有人类型、注册地址和注册资本

B.委托人和产权持有人所属行业、经营范围

C.委托人及产权持有人是否有能力持续经营

D.委托人的诚信记录、是否有能力支付合理的评估费用

8.委托人将抵押目的的评估报告用于资产转让，这属于（　　）。

A.委托人与产权持有人的风险

B.资产评估报告使用的风险

C.评估对象的风险

D.评估报告不确定的风险

二、多项选择题

1.资产评估专业人员在受理评估业务前应当明确资产评估业务基本事项。下列各项属于资产评估业务基本事项的有（　　）。

A.评估方法　　B.评估报告使用范围

C.评估假设　　D.评估服务费及支付方式

2.下列各项关于明确评估业务基本事项目的的表述，正确的有（　　）。

A.明确评估业务基本事项的目的，是为决定受理项目后的谈判、订立评估委托合同和项目组织实施做好准备

B.明确评估业务基本事项的目的，是提高资产评估的效率

C.明确评估业务基本事项的目的，是与委托人沟通评估业务收费

D.明确评估业务基本事项的目的，是决定是否受理该评估项目

3.资产评估中，明确基本事项时，明确委托人、产权持有人和委托人以外的其他评估报告使用人，具体是指（　　）。

A.明确委托人及产权持有人的基本情况

B.了解委托与利益相关人之间的关系

C.明确评估报告使用人及其基本情况

D.了解委托人与相关当事人之间的关系

4.如果资产评估项目所涉及的经济行为需要有关部门的审批，评估机构洽谈人员应当了解该经济行为获得批准的相关情况。获得有关部门批准的文件应当载明（　　）。

A.批准负责人　　B.批件名称

C.批准文号　　D.批准日期

5.在明确评估业务基本事项中，影响价值类型选择的因素包括（　　）。

A.资产自身的功能　　B.资产的使用方式

C.资产的市场条件　　D.资产评估方法

6.在明确评估业务基本事项时，影响评估报告提交时间的因素包括（　　）。

A.预计的评估工作量

B.委托人和相关当事人的配合力度

C.评估所依据和引用的专业或单项资产评估报告的出具时间

D.约定的评估服务费的多少

7.在明确评估业务基本事项中，明确评估报告使用范围的内容包括（　　）。

A.评估报告使用人　　B.评估报告使用目的及用途

C.评估报告使用时效　　D.评估报告的摘抄引用或披露

8.下列各项关于对评估机构及人员进行专业能力、独立性、业务风险评价的表述，属于专业能力评价内容的有（　　）。

A.委托人和产权持有人是否配合资产评估机构履行评估程序

B.是否具有与拟受理的项目相应的专业能力及相关经验，特别关注项目是否存在新型或特殊的业务等

C.对评估机构和评估专业人员已执行的业务进行筛查

D.对于缺乏专业能力的业务，是否有弥补评估经验和专业能力不足的可行措施

9.在资产评估过程中，对业务风险进行分析与评估时，下列各项属于业务风险的有（　　）。

A.来自委托人和产权持有人的风险

B.来自资产评估报告使用的风险

C.来自评估目的的风险

D.来自评估对象的风险

10.资产评估机构和评估专业人员了解可能影响独立性的情形，判断是否存在明显或潜在的利益冲突、现实或潜在的利益关系的方式包括（　　）。

A.关联方关系回避　　B.关联方关系筛查

C.关联方关系申报　　D.关联方关系核查

11.评估机构和评估专业人员综合考虑自身专业能力、独立性、业务风险，确定是否承接资产评估业务，下列各项正确的有（　　）。

A.当资产评估机构及评估专业人员的专业能力、独立性满足要求时，评估机构可以受理资产评估业务

B.来自评估目的的风险主要是目的不明确、所对应的经济行为无法获得相关审批

C.对于缺乏专业能力的业务，是否有弥补评估经验和专业能力不足的可行措施

D.业务风险分析与评价可以采用风险评价表的方式进行，风险评价表可根据评估业务风险要素设计

三、判断题

1.资产评估专业人员在受理评估业务前应当明确资产评估目的等基本事项。（　　）

2.明确评估业务基本事项的目的，是减轻或者免除资产评估专业人员的责任。（　　）

3.评估服务费及支付方式是评估机构与委托人洽商沟通的重要内容。（　　）

4.判断是否存在明显或潜在的利益冲突、现实或潜在的利益关系，属于对评估机构及人员进行专业能力、独立性、业务风险评价中的专业能力评价。（　　）

5.在资产评估机构和评估专业人员确定是否承接资产评估业务时，主要的方式是通过关联方关系筛查、申报、核查等，了解可能影响独立性的情形。（　　）

四、思考分析题

1.资产评估项目接洽时应注意哪几个环节？

2.简要说明资产评估业务风险有哪些，并说明具体情况。

五、综合训练题

甲股份有限公司是一家大型游戏上市公司，拟收购乙股份有限公司60%的股权，现委托中青资产评估公司对乙公司60%股权的价值进行评估，评估基准日为2020年1月31日。

中青资产评估公司安排资产评估师李某担任该项目负责人。资产评估师李某对游戏企业有专门研究，承办过好几次游戏企业并购的资产评估业务，并长期关注资本市场相关上市公司的市场表现和收购案例，目前持有甲公司股票5万股，并打算长期持有。资产评估师李某在对该项目进行调查后，决定承接该资产评估业务，并与甲公司相关负责人订立资产评估委托合同。

由于资产评估师李某承接过若干次游戏公司的资产评估业务，对此领域比较熟悉，于是在具体执行资产评估程序时，出于节约成本的考虑，没有编制资产评估计划。

后来，甲公司出现经营危机，相关负责人决定提前终止资产评估业务。中青资产评估公司向其收取评估服务费时，甲公司以中青资产评估公司未执行完评估项目为由拒绝支付评估服务费，中青资产评估公司遂将其告上法庭。

要求：根据上述资料回答下列问题。

（1）在上述资料中，中青资产评估公司和甲公司存在哪些不妥之处？

（2）简述资产评估程序的基本内容。

（3）如何对资产评估机构及评估专业人员的独立性进行分析与评价？

任务三　签订业务委托合同

一、单项选择题

1. 下列各项关于资产评估委托合同的表述，正确的是（　　）。

A. 评估机构在编制资产评估计划之后，应当与委托人订立资产评估委托合同

B. 口头形式便于当事人履行，具有权利义务关系明确、有据可查、便于预防和处理纠纷的优点

C. 数据电文形式属于合同的其他形式

D. 资产评估委托合同应当以书面形式订立

2. 下列各项不属于资产评估委托合同内容的是（　　）。

A. 评估目的　　B. 评估基准日

C. 评估报告日　　D. 评估对象和范围

3. 资产评估委托合同签订后，发现相关事项存在遗漏、约定不明确，或者合同履行中约定内容发生变化的，不恰当的处理方式是（　　）。

A. 资产评估机构与委托人协议订立补充委托合同

B. 资产评估机构与委托人重新订立评估委托合同

C.资产评估机构与委托人提请资产评估协会调整

D.资产评估机构与委托人协商一致以法律允许的其他方式对评估委托合同的相关条款进行变更

4.下列各项关于资产评估委托合同的表述，错误的是（　　）。

A.订立资产评估委托合同后需要对约定事项做出补充的，可以签署补充合同或重新订立合同

B.资产评估委托合同应当由资产评估机构的法定代表人签名，不得授权他人签名

C.承接资产评估业务需订立资产评估委托合同，或以符合法律规定的其他形式建立资产评估业务委托关系

D.资产评估机构在法定情形下可以拒绝履行或单方面解除资产评估委托合同

5.下列各项关于评估服务费的表述，错误的是（　　）。

A.评估服务费的相关内容通常要在资产评估委托合同中加以约定

B.评估服务费可以约定为服务费总额，也可以约定为支付标准

C.评估机构和评估专业人员可能承担的风险和责任是影响评估服务费高低的因素之一

D.评估服务费应该按委托人经济行为完成进度支付

二、多项选择题

1.签订评估业务委托合同时，需要约定评估服务费。下列各项关于评估服务费的表述，正确的有（　　）。

A.评估服务费可以一次性支付，也可以分期支付

B.评估业务的难易程度将影响评估服务费的多少

C.评估服务费的支付取决于委托人经济行为是否完成

D.评估服务费可以约定为服务费总额，也可以约定为支付标准

2.下列各项关于资产评估争议解决方法的表述，正确的有（　　）。

A.双方通过协商和解　　B.通过诉讼解决

C.由第三人进行调解　　D.通过仲裁解决

3.下列各项关于资产评估委托合同的表述，正确的有（　　）。

A.恰当使用资产评估报告是委托人和其他相关当事人的责任

B.资产评估委托合同采用合同书形式订立的，合同当事人达成一致意见的时间即是合同成立的时间

C.评估服务费是评估机构为委托人提供评估服务收取的费用，实行政府指导价

D.资产评估机构和委托人的名称（或姓名）应使用全称，不可简化或使用代号

4.国内上市的甲公司，拟收购境外的乙公司全部股权，委托中青资产评估公司为该经济行为进行资产评估。资产评估委托合同约定的下列重要内容不恰当的有（　　）。

A.为提高评估效率，约定不必履行现场调查程序

B.以资产基础法的结果作为评估结论

C.如果未能就收购达成协议，甲公司将不支付10%的评估合同约定的评估费用

D.为保证国有资产不流失，评估结果不应高于5 000万美元

5.下列各项关于评估委托合同订立的表述，错误的有（　　）。

A.公司制的资产评估机构的分公司不具有对外签订合同的主体资格

B.订立委托合同前，资产评估机构应当全面了解、认知委托人的主体资格

C.订立委托合同前，资产评估机构应当审查委托人、代理人的授权文件及代理事项、代理期限和代理权限

D.资产评估委托合同应当由资产评估机构的法定代表人（或执行合伙事务合伙人）签字生效

6.下列各项关于资产评估委托合同的表述，正确的有（　　）。

A.资产评估专业人员可以个人名义订立评估委托合同

B.评估委托合同应当采用书面形式

C.委托人要求出具虚假资产评估报告或者有其他非法干预评估结论情形的，资产评估机构有权单方解除合同

D.因委托人原因无法及时签订评估业务委托合同，评估机构可以先行开展评估业务

7.资产评估业务委托合同的基本内容包括（　　）。

A.评估目的　　B.评估基准日　　C.评估计划　　D.评估收费

三、判断题

1.签订评估业务委托合同时，需要约定评估服务费，评估服务费实行市场调节价，由评估机构和委托人协商确定。（　　）

2.资产评估争议，可以通过财政部门解决。（　　）

3.资产评估委托合同载明的评估报告目的应当唯一，表述应当明确、清晰。（　　）

四、思考分析题

1.资产评估业务合同书包括的基本内容是什么？

2.资产评估委托方有哪些权利和义务？

3.资产评估受托方有哪些权利和义务？

五、综合训练题

A公司为上市公司，拥有大量的珠宝首饰，将要进行资产重组。2021年3月，A公司欲委托中青资产评估公司评估其拥有的珠宝首饰的价值，中青资产评估公司为了开拓其在新领域的资产评估业务，在评估机构无具有相关经验的专业人员的情况下，受理了该资产评估业务，由于聘请有关专家及专业机构花费较多，中青资产评估公司也不打算聘请专家协助工作。评估公司决定由其法定代表人王某与A公司订立资产评估委托合同。但是，在订立合同的当天，A公司法定代表人因公司出现紧急情况不能出席签约。为了显示彼此之间充分的信任，中青资产评估公司决定先开展资产评估业务，待A公司法定代表人有空时再订立资产评估委托合同，A公司对此无异议。3个月后，A公司与中青资产评估公司正式订立了资产评估委托合同。1个月后，评估项目负责人李某发现双方未约定评估报告的提交期限和方式，于是他联系了A公司法定代表人，双方在口头上补充了评估报告的提交期限和方式。

要求：根据上述资料回答下列问题。

（1）中青资产评估公司应当如何决定是否受理评估业务？中青资产评估公司的做法是否恰当？为什么？

（2）订立资产评估委托合同前，资产评估机构的恰当做法是什么？

（3）资产评估委托合同应当采用何种形式？为什么？

（4）该资产评估委托合同是否成立？资产评估机构和评估专业人员的正确做法是什么？

（5）评估项目负责人李某与A公司口头补充资产评估委托合同的行为是否恰当？为什么？

任务四　编制资产评估计划

一、单项选择题

1. 下列各项关于资产评估计划的表述，错误的是（　　）。

A. 资产评估计划一般包括资产评估业务实施的主要过程、时间进度、人员安排等内容

B. 资产评估计划一般包括明确资产评估业务基本事项并在受理评估业务后编制

C. 编制资产评估计划时需要考虑委托人及相关当事人的配合程度

D. 资产评估计划的编制针对的是资产评估项目的具体执行阶段，所以主要涵盖现场调查、收集评估资料等环节

2. 下列各项关于编制资产评估计划的表述，错误的是（　　）。

A. 资产评估专业人员可以根据资产评估业务具体情况合理确定资产评估计划的繁简程度

B.资产评估专业人员应同委托人及相关当事人沟通以保证资产评估计划的可操作性

C.资产评估专业人员应当在开展评定估算工作之前编制评估计划

D.编制资产评估计划有利于合理有效配置各项资源，高效保质完成评估任务，更好地服务于委托人

3.下列各项关于资产评估计划调整的表述，错误的是（　　）。

A.资产评估项目的执行是一个复杂、动态的过程，如果原编制的评估计划不能适应项目要求，资产评估机构应当对评估计划进行必要的调整

B.由于委托人提供资料不真实，工作推进后发现需要进一步补充资料和增加现场工作时间，从而造成资产评估工作未能按计划进度完成，这属于技术层面的情况

C.调整计划要兼顾评估效率和工作质量的原则，充分利用已有的工作成果，将评估计划调整导致的成本降低到最低水平

D.调整计划时，往往涉及对评估专业人员进行调整、对部分评估工作做出重新安排，对评估技术方案进行修正等

4.下列各项应当根据资产评估业务具体情况编制资产评估计划，并合理确定资产评估计划的繁简程度的是（　　）。

A.资产评估机构　　B.资产评估专业人员

C.资产评估师　　D.委托人及其他相关当事人

5.下列各项属于因为委托人的经济行为导致资产评估计划需要调整的是（　　）。

A.前期资料收集不全

B.出现了未预料到的资产类型或业务形态

C.委托人提供的资料不真实

D.由于上市公司重大资产重组方案改变，导致评估范围发生重大调整

二、多项选择题

1.下列各项符合资产评估专业人员编制资产评估计划目的的有（　　）。

A.合理、有效配置各项资源　　B.保障评估程序的履行

C.满足核查与监管要求　　D.增进与委托人的沟通

2.编制资产评估计划考虑的主要因素，包括（　　）。

A.评估业务风险、评估项目的规模和复杂程度

B.相关资料收集情况

C.委托人及相关当事人的配合程度

D.资产评估专业人员的专业能力、经验及人员配备情况

3.资产评估计划的主要内容，包括（　　）。

A.评估业务实施的主要过程

B.时间进度

C.资产评估各方的违约责任

D.人员安排

4.资产评估专业人员在确定各主要过程的具体评估步骤时，需考虑的因素包括（　　）。

A.评估项目的背景和相关条件

B.采用的评估方法

C.资产清查的工作重点及具体要求

D.与参与本项目的审计、律师等其他中介机构的对接安排及注意事项

5.会导致评估专业人员对资产评估计划做出调整的选项有（　　）。

A.现场调查受限导致不能按原定计划完成评估工作

B.出现了未预料到的资产类型，原计划评估技术思路无法满足需要

C.被评估单位发生资产重组，新增部分标的公司

D.委托人出现状况，需要改变评估基准日

6.下列各项关于资产评估计划的表述，错误的有（　　）。

A.资产评估计划一般在项目进行时编制，根据项目的进行情况不断调整评估计划

B.资产评估专业人员应当合理确定资产评估计划的繁简程度

C.资产评估计划通常包括评估业务实施的主要过程及时间进度、人员安排等内容

D.为保持独立性，调整评估计划不应该与委托人沟通

7.编制资产评估计划，需要考虑的主要因素包括（　　）。

A.资产评估专业人员的专业能力、经验及人员配备情况

B.评估业务风险、评估项目的规模和复杂程度

C.委托人及相关当事人的配合程度

D.相关资料收集情况

三、判断题

1.高效保质完成资产评估业务是资产评估专业人员编制资产评估计划的目的。（　　）

2.委托方支付评估服务费的情况，在编制资产评估计划时应加以考虑。（　　）

3.评估收费不足，不能按照原定计划完成评估工作，导致评估专业人员需要对资产评估计划做出调整。（　　）

4.资产评估计划是评估机构和评估专业人员为执行资产评估业务，拟定的资产评估工作思路和实施方案。（　　）

四、思考分析题

1.如何制订评估计划？

2.资产评估计划的主要内容有哪些？

任务五　进行评估现场调查

一、单项选择题

1.对存货、动产、不动产等实物资产进行现场调查时，评估专业人员通过实地查看、核查合同、盘点、函证等方式是为了核实其（　　）。

A.完整性　B.存在性　C.准确性　D.连续性

2.下列各项关于现场调查的表述，错误的是（　　）。

A.现场调查需要对评估对象现状进行分析

B.评估专业人员确定资产状况的调查内容，既要与资产价值的影响因素相关，支持资产价值的评定和估算，也要能系统、全面、充分反映资产价值影响因素的实际状况，没有遗漏

C.核实资产的完整性就是核实资产物理意义上的完整性

D.评估人员在做现场调查时需要核对资产权属的相关证件

3.评估范围内资产数量少、单项资产价值量大时，现场调查应当采用（　　）的方法。

A.分层抽样调查　B.简单随机抽样调查

C.逐项调查　D.整群抽样调查

4.对机器设备权属资料不完备、毁损、丢失等瑕疵事项，以及资产评估专业人员根据重要性原则应当收集但未能取得的相关权属资料，资产评估专业人员可以采取的恰当做法是（　　）。

A.要求产权持有人提供产权归属承诺，并在评估报告中披露相关事项

B.要求委托人登报声明缺失评估资料情况，并在评估报告中披露

C.要求产权持有人提供相关资料的复印件，并记载于工作底稿

D.终止提供资产评估专业服务

5.资产评估专业人员采用书面审查的方式核查《不动产权证书》等权属证明资料的，应当查阅并核对的重点是（　　）。

A.评估对象的不动产权属是否真实

B.评估对象的不动产权属原件、复印件是否一致

C.评估对象的不动产权属是否有效

D.评估对象的不动产权属是否经过公证

6. 如果无法采取替代程序对评估对象进行现场调查，或者即使履行替代程序，也无法消除原定程序受限对评估结论产生重大影响的事实，或者无法判断其影响程度，评估机构应当（　　）。

A. 重新制订评估计划　　B. 终止执行评估业务

C. 利用专业报告　　D. 与评估单位进行协商

7. 下列各项（　　）主要是指对实物资产的数量、质量、分布、运行和利用情况（经营情况）等所做的实地调查或查看，对相关技术检测结果的收集、观察，对其运行记录和定期专业检测报告的收集和分析等工作。

A. 勘查　　B. 函证　　C. 监盘　　D. 核对

8. 下列各项关于现场调查受限以及评估资料核查验证受限的表述，错误的是（　　）。

A. 被调查资产已被司法部门依法查封、扣押、冻结等属于受法律法规原因限制现场调查的情形

B. 金融不良资产处置可能导致所涉资产等评估业务中债务（或担保人）不配合评估

C. 现场调查受限时，只要可以采取替代措施，评估机构就不应当终止执行资产评估业务

D. 对于超出资产评估专业人员胜任能力的核查验证事项，资产评估机构可以委托或者要求委托人委托相关专业机构出具专业意见

9. 在评估实务中，对特殊资产实施勘查，可以聘请（　　）协助开展工作，但应当采取必要措施以确信其工作的合理性。

A. 高级会计师　　B. 注册会计师

C. 资深律师　　D. 行业专家

10. 下列各项关于现场调查工作受限的表述，错误的是（　　）。

A. 地下深埋的管线属于资产性能、资产置放地点限制现场调查的情形

B. 司法纠纷所涉资产等评估业务中可能导致债务（或担保人）以及涉案资产产权持有人等不配合评估

C. 当现场调查工作受限时，若所受限制对评估结论有重大影响且无法实施替代措施，评估机构应该终止执行评估业务

D. 若实施替代程序之后，受限事项并不会对评估结论产生重大影响，评估机构可以继续执行评估业务，并且不需要在工作底稿中说明

二、多项选择题

1. 在进行评估对象的现场调查时，应调查的内容包括（　　）。

A. 评估对象的存在性　　B. 评估对象的完整性

C. 评估对象的现实状况　　D. 评估对象的法律权属

2. 在对评估对象进行现场调查时，需要关注评估对象的法律权属。下列各项关于评估对象法律权属的表述，正确的有（　　）。

A. 资产的权属状态会影响资产的价值

B.对于不动产、专利权、商标权、著作权、矿业权、车辆等资产，其权属证明为购置合同、购置发票、付款证明等

C.对于机器设备、存货等资产，其权属证明主要包括购置合同、购置发票、付款证明、出入库记录等

D.资产的法律权属，包括所有权及使用权

3.下列各项属于以应收账款等债权债务为评估对象进行现场调查内容的有（　　）。

A.了解债权债务人名称　　B.了解业务内容

C.了解债权债务发生日期　　D.了解被评估单位的信用状况

4.下列各项属于现场调查手段的有（　　）。

A.逐项调查　　B.抽样调查　　C.询问　　D.访谈

5.下列各项属于现场调查中的抽样调查基本方法的有（　　）。

A.系统抽样　　B.分层抽样

C.简单随机抽样　　D.不等概率抽样

6.对于许可使用的知识产权使用权，资产评估专业人员在进行评估资料的核查验证时，应当采取的恰当做法有（　　）。

A.查阅专业审计报告　　B.查阅主管部门官方网站

C.查阅授权协议以及付款记录　　D.必要时可以向权利人函证

7.资产评估专业人员采用书面审查、查询等方式对被评估单位涉及对外担保的资料进行核查，应当采取包括但不限于的恰当做法有（　　）。

A.获取被评估单位出具的有关对外担保事项的声明

B.获取被评估单位出具的有关对外担保事项的担保合同、协议等资料

C.获取被评估单位的专业审计报告

D.利用中国人民银行全国联网的企业征信系统进行查询

三、判断题

1.对于企业价值评估涉及的股东全部权益和股东部分权益，其权属证明主要包括公司章程、工商登记材料、股东登记名册、出资证明、出资协议等，涉及国有资产的，还包括国有资产产权登记证。（　　）

2.对于应收账款等债权债务，现场调查通常应了解债权债务人名称、业务内容、发生日期、履约及回收情况等。（　　）

3.核对属于现场调查的方式，不属于现场调查的手段。（　　）

4.现场调查的监盘是指资产评估专业人员通过现场监督企业对现金、存货等资产的清查核对工作，主要对盘点实施方案、人员安排、盘点方式（逐项清点或者抽样清点）、盘点结果等进行了解，判断盘点结果能否反映实际状况，并根据盘点结果对资产数量、质量、金额等做出恰当的判断。（　　）

5.现场调查中，空中架设输配电线路的长度和材质不会导致调查技术手段限制现场调查。（　　）

四、思考分析题

1. 评估专业人员在资产清查时应注意哪些事项？

2. 简要说明现场调查的主要内容。

五、综合训练题

2021年4月2日，中青资产评估公司接受了甲公司的资产评估委托，评估对象为乙公司拥有的若干台大型机器设备。乙公司需要尽快使用资产评估报告，于是要求中青资产评估公司在2021年4月30日提交资产评估报告，中青资产评估公司同意了其要求。在正式订立资产评估委托合同后，在执行资产评估程序的过程中，中青资产评估公司发现前期资料收集不够齐全，对资产评估计划进行了一部分调整，为了保持独立性，中青资产评估公司未将资产评估计划的调整情况告知乙公司。在进行现场调查时，有一部分机器设备因诉讼保全限制无法实施现场调查，中青资产评估公司便终止执行评估业务。

要求：根据上述资料回答下列问题。

（1）上述过程中，双方约定在2021年4月30日提交资产评估报告的行为是否恰当？为什么？

（2）中青资产评估公司调整资产评估计划的行为是否恰当？为什么？

（3）什么是现场调查？现场调查受限的原因是什么？请举例说明。

（4）当现场调查受限时如何处理？中青资产评估公司的做法是否恰当？

任务六　收集整理评估资料

一、单项选择题

1. 资产评估机构和评估专业人员形成合理的评估结论和出具评估报告的依据是（　　）。

A. 评估程序　　B. 评估目的　　C. 评估资料　　D. 评估准则

2. 在对鉴定后的评估资料进行归纳整理时，若按信息资料加工处理程度划分，那么证券交易所的报告属于（　　）。

A. 可用性评估资料　　B. 未经处理的信息资料

C.有参考价值的评估资料　　　　　　D.有选择地加工过的信息资料

3.对评估资料进行归纳整理时，下列各项不属于按照可用性原则对鉴定后的评估信息资料分类的是（　　）。

A.可用性评估资料

B.有选择地加工过或按一定目的改动过的信息资料

C.有参考价值的评估资料

D.不可用评估资料

4.如果无法核查验证事项对评估结论产生重大影响或者无法判断其影响程度，评估机构的恰当做法是（　　）。

A.应当在工作底稿中予以说明

B.应当在评估报告中予以说明

C.要求委托人委托相关专业机构出具专业意见

D.不得出具资产评估报告

5.资产评估专业人员在收集与被评估业务相关的法律、行政法规、部门规章和规范性文件等材料时，恰当的做法是（　　）。

A.采用函证方式核查验证

B.采用询问、书面审查方式核查验证

C.采用实地调查、查询方式核查验证

D.符合规定适用条件的可以在评估中直接使用

6.资产评估专业人员采用书面审查、实地调查、查询等方式，对企业提供的投资协议、公司章程、公司制度、股权买卖协议或者回购协议等资料进行核查，应当查看的重点是（　　）。

A.相关资料是否完整

B.相关资料是否与政府部门公示的资料一致

C.相关印章、签字是否清晰、完整

D.相关印章、签字是否与法人代表的印章、签字一致

7.资产评估专业人员采用书面审查的方式核查《采矿权许可证》等权属证明文件的，应当核对证书（或者资料）原件、复印件是否一致，资产评估专业人员采取的恰当方法是（　　）。

A.可以根据需要通过委托人或其他相关当事人官方网站查询相关信息，对资产权属相关数据的一致性进行核查

B.可以根据需要通过矿业权行政管理部门官方网站查询相关信息，对资产权属相关数据的一致性进行核查

C.可以根据需要通过国有资产管理部门官方网站查询相关信息，对资产权属相关数据的一致性进行核查

D.可以根据需要通过税收管理部门官方网站查询相关信息，对资产权属相关数据的一致性进行核查

8.根据评估资料的（　　）来划分，评估资料可以分为权属证明、财务会计信息和

其他评估资料。

A.来源　B.可信度　C.内容　D.获取方式

二、多项选择题

1.对评估资料的分析，需要分析和甄别已收集的资料的（　）。

A.合法性　B.逻辑性　C.相关性　D.有效性

2.下列各项可作为评估资料来源的有（　）。

A.市场等独立渠道

B.委托人、产权持有人等相关当事人

C.政府部门、司法机关

D.各类专业机构和其他组织

3.在对评估资料进行归纳整理时，按照信息加工处理程度不同，信息资料可被划分为（　）。

A.未经处理的信息资料

B.可用性评估资料

C.有参考价值的评估资料

D.有选择地加工过或按一定目的改动过的信息资料

4.无法采用实地调查方式对有关资料进行核查验证的，可以采用的替代程序包括（　）。

A.取得委托人的书面承诺　B.在线调查

C.书面调查　D.电话调查

5.在对某项对外投资的在建工程项目进行评估时，评估专业人员无法对委托人或其他相关当事人提供的成本资料进行验证，也无法确定付款进度和工程进度的一致性。评估机构可以采取的恰当做法有（　）。

A.要求委托建设项目审计机构出具专项报告，说明在建工程成本的确认及实际支出情况

B.适当缩小核查验证的具体范围，并在评估报告中进行详细披露

C.与委托人或其他相关当事人沟通，得到其对所提供材料真实性的承诺

D.对于相关专业机构出具的专业意见，评估报告专业人员经过核查验证后在评估中使用并披露

6.如果评估对象没有办理产权证，资产评估专业人员的恰当做法有（　）。

A.查验取得不动产的相关证明文件、发票以及合同等资料

B.根据具体情况和重要性原则在资产评估报告中披露可能对评估结论产生的影响

C.根据具体情况和重要性原则在资产评估报告中披露评估对象未办理产权证的原因

D.根据具体情况和重要性原则在资产评估报告中披露核查处理方法

7.采用函证方式对银行存款、异地存货、往来账款、交易性金融资产等涉及的各类资料进行核查的，对利用第三方机构函证结果的，资产评估专业人员应当采取的恰当做

法有（ ）。

A.记录取得第三方机构函证结果的过程

B.分析该函证行为的目的

C.核实函证基准日

D.了解第三方机构对函证的控制措施

8.根据《资产评估执业准则——利用专家工作及相关报告》，评估专业人员引用单项资产评估报告的，应关注但不限于（ ）。

A.对所引用单项资产评估报告的评估结论与账面价值的变动情况进行客观分析，对拟发表的评估意见不利的不得引用

B.分析拟引用单项资产评估报告载明的评估结论，判断其对应的资产类型与资产评估的资产类型的一致性

C.查看拟引用单项资产评估报告的相关备案审核文件资料，分析其可能对拟引用单项资产评估报告评估结论产生的影响

D.关注所引用单项资产评估报告披露的特殊事项说明，判断其是否可以引用及其对资产评估结论的影响

9.资产评估机构及其评估专业人员利用的专业报告，通常包括（ ）。

A.公开发表的相关专业报告

B.已经正式出具的相关专业报告

C.专门聘请专业机构完成的相应专业报告

D.委托人及其他相关当事人提供的相关专业报告

10.下列各项属于由委托人及相关当事人提供的财务会计资料，资产评估机构及专业人员要进行核查验证的方式有（ ）。

A.询问　　B.书面审查及复核

C.实地调查　　D.函证

11.下列各项关于评估资料的核查验证及程序受限处理的表述，错误的有（ ）。

A.对评估资料进行核查验证，既是资产评估法的要求，也是合理得出评估结论的需要

B.对于银行存款，可以通过复核银行对账单、向银行函证等方式进行核查验证

C.对于客观条件限制无法实施核查验证的事项，资产评估机构不得出具资产评估报告

D.对于置放在危险地带的资产，与委托人协商后，可以不进行核查验证

三、判断题

1.按照加工处理程度，评估资料可以划分为未经处理的资料和有选择地加工过或按一定目的改动过的资料。（ ）

2.评估专业人员对收集的评估资料进行核查验证，只是法律和评估准则的要求，和得出合理的评估结论没有关系。（ ）

3.如果评估对象没有办理产权证，资产评估专业人员可以根据具体情况和重要性原

则在资产评估报告中披露评估对象的权利状况。（　　）

4.根据《资产评估执业准则——利用专家工作及相关报告》，评估专业人员引用单项资产评估报告的，可以将所引用单项资产评估报告作为工作底稿。（　　）

5.对于超出资产评估专业人员专业能力范围的核查验证事项，资产评估专业人员应当委托或要求委托人委托其他专业机构出具意见。（　　）

四、思考分析题

1.什么是评估资料？如何对评估资料进行分类？

2.对评估资料进行核查验证的一般要求是什么？核查验证的常用方式有哪些？

任务七　评定估算形成结论

一、单项选择题

1.评估机构的内部审核可以采用多种层次和形式，目前实践中多实行（　　），必要时，也可引入外部审核资源。

A.一级审核制度　　B.二级审核制度

C.三级审核制度　　D.二级或三级审核制度

2.在进行评估报告审核时，下列各项不属于质量控制部门（岗位）审核内容的是（　　）。

A.整体报告的内容及格式是否符合相关法规及评估准则的规定

B.对被评估资产自身的状况是否进行了必要的了解，对评估风险是否有正确的评价

C.重大问题的处理是否恰当

D.评估结论是否有合理的依据支持，影响评估结果的特别事项是否完整披露

3.下列各项关于资产评估机构与委托方或相关当事人就评估报告进行沟通的表述，错误的是（　　）。

A.进行必要的沟通，既有助于了解委托人或者相关当事人对评估结论的反馈意见，也有助于委托人或者相关当事人合理理解评估结论，正确使用评估报告

B.沟通工作通常在正式提交评估报告之后进行

C.资产评估机构及评估专业人员与委托方或相关当事人应该就评估报告披露信息的正确性和恰当性进行沟通

D.应在不影响资产评估机构及评估专业人员对最终评估结论进行独立判断的前提下进行沟通

4.下列各项关于评定估算形成资产评估结论的表述，错误的是（　　）。

A.资产评估专业人员应当根据评估目的和价值类型、评估对象、评估方法的适用条件、评估方法应用所依据数据的质量和数量等影响评估方法选择的因素恰当选择评估方法

B.采用市场法，应当合理选择可比案例，分析评估对象和可比参照物的相关资料和价值影响因素，通过可比因素的差异调整，得出评估对象的价值

C.资产评估专业人员应当对形成的初步评估结论进行分析，判断采用该种评估方法形成的评估结论的合理性

D.对于使用不同评估方法得出的评估结论，应该进行比较，选择对委托人最有利的结果，作为资产评估最终结果

5.下列各项不属于在资产评估专业人员与委托方沟通的过程中保持独立性措施的是（　　）。

A.建议沟通的信息仅为委托人内部使用，任何初稿都不能对外公布或披露

B.对沟通内容形成必要的记录

C.沟通完毕后，直接修改评估结论

D.在沟通中，如果发现差错或疏漏，评估人员可以同意对相关内容进行查证、核实

二、多项选择题

1.资产评估专业人员在对具体评估方法得出的初步结论进行分析，判断其合理性时，可以考虑的内容包括（　　）。

A.评估资料的充分性、有效性、客观性

B.评估参数的合理性、评估模型推算和应用的正确性

C.评估结论与评估目的、价值类型、评估方法的适用性

D.评估增减值的原因及其合理性

2.在进行评估报告审核时，审核的主要内容包括（　　）。

A.评估方法、评估技术思路的合理性

B.评估目的、价值类型、评估假设、评估参数以及评估结论在性质和逻辑上的一致性

C.计算公式及计算过程的正确性

D.评估过程节约评估成本的合理性

3.根据规定，国有资产评估项目的核准（备案）通常实行专家评审制度，由国有资产管理部门组织专家对资产评估报告进行评审。下列各项属于审核主要内容的

有（　　）。

A. 资产评估所涉及的经济行为批准情况

B. 资产评估范围与经济行为批准文件确定的资产范围是否一致

C. 评估方式的选择及运用是否正确

D. 评估方法运用的合理性和评估依据的适当性

4. 在出具正式资产评估报告之前，资产评估机构可以在保证其独立性的前提下与委托方进行沟通。资产评估专业人员与委托方沟通的主要内容有（　　）。

A. 是否存在与评估对象实际情况不一致的情况

B. 是否履行了评估委托合同约定的内容

C. 评估方法的适用性，参数选取的合理性，模型计算的正确性，评估目的、价值类型和评估方法的匹配性等

D. 评估报告披露信息的正确性和恰当性

5. 下列各项关于资产评估的表述，错误的有（　　）。

A. 只要执行了资产评估程序就可以避免资产评估风险

B. 资产评估计划一经确定就不得变更

C. 资产评估委托合同中包括关于收取评估服务费的事项

D. 在出具资产评估报告前，评估机构与委托方的任何沟通都有悖于资产评估独立性原则

6. 下列各项关于评估资料的表述，错误的有（　　）。

A. 从政府部门获取的法律、行政法规、部门规章、规范性文件等资料可直接使用

B. 对机器设备权属资料不完备、毁损、丢失等瑕疵事项，可以要求产权持有人提供产权归属承诺，并在评估报告中披露相关事项

C. 对银行存款、异地存货、往来账款、交易性金融资产等涉及的各类资料采用询问方式进行核查

D. 评估专业人员利用专业机构出具的专业报告应当关注其披露的、对专业报告结论存在重大影响的事项

7. 下列各项关于资产评估专业人员利用某一领域中具有专门资质或者相关经验的机构所出具的专业报告的表述，正确的有（　　）。

A. 资产评估机构聘请专业机构出具专业报告，必要时应当征得委托人同意

B. 公开发表的相关专业报告是可利用的专业报告之一

C. 资产评估专业人员可以采用函证方式对其他专业机构提供的专业报告进行核查

D. 将所利用的专业报告作为工作底稿，不必将其作为资产评估报告附件

三、判断题

1. 资产评估结论应具有客观性，在判断评估结论合理性时应该考虑被评估单位的意愿。（　　）

2. 评估机构的内部审核可以采用多种层次和形式，目前实践中多实行二级或三级审核制度。（　　）

3. 通常在评估报告由评估机构内部审核后，项目团队可以安排相关沟通工作。（ ）

4. 评估方式的选择及运用是否正确，属于质量控制部门审核的内容。（ ）

5. 从公开媒体上取得的信息资料可以直接用于资产评估中。（ ）

6. 引用其他评估机构出具的单项资产评估报告，可以作为资产评估报告的组成部分，并将所引用单项资产评估报告作为工作底稿。（ ）

四、思考分析题

1. 对资产评估报告审核的主要内容有哪些？

2. 国有资产评估项目核准（备案）中审核的主要内容有哪些？

任务八　编制出具评估报告和整理归集评估档案

一、单项选择题

1. 下列各项关于评估档案的表述，错误的是（ ）。

A. 评估档案归集是《资产评估法》和资产评估准则规定的资产评估必备程序

B. 纸质文档、电子文档或者其他介质形式的文档，其内容不一致的，以纸质文档为准

C. 资产评估委托合同所形成的文件资料是操作类工作底稿

D. 资产评估档案应当由本机构的档案管理部门集中统一管理，不得由原制作人单独分散保存

2. 下列各项关于整理归集评估档案的表述，错误的是（ ）。

A. 资产评估专业人员应当整理归集的评估档案包括工作底稿、评估报告和其他相关资料

B. 资产评估专业人员通常应当在资产评估报告日后90日内，整理工作底稿，并与其他相关资料形成评估档案，交由所在资产评估机构妥善管理

C. 资产评估委托合同、资产评估报告应当形成纸质文档

D. 重大或者特殊项目的归档时限为评估结论使用有效期届满后60日内

3. 下列各项关于国有资产评估业务档案归集及保管时限要求的表述，正确的是（　　）。

A. 资产评估档案通常应在资产评估报告日后30天内归集成档，保管期限不少于30年

B. 资产评估档案通常应在资产评估报告日后90天内归集成档，保管期限不少于15年

C. 资产评估档案通常应在资产评估报告日后30天内归集成档，保管期限不少于15年

D. 资产评估档案通常应在资产评估报告日后90天内归集成档，保管期限不少于30年

二、多项选择题

1. 下列各项关于评估档案及其整理归集的表述，正确的有（　　）。

A. 评估档案归集是《资产评估法》和资产评估准则规定的资产评估必备程序

B. 资产评估机构专业人员通常应当在资产评估报告日后90日内，将工作底稿交由所在资产评估机构妥善管理

C. 资产评估专业人员整理的评估档案包括工作底稿、评估报告和其他相关资料

D. 重大或特殊项目的归档时限为评估结论使用有效期届满后30日内

2. 下列各项关于评估报告审核的表述，正确的有（　　）。

A. 资产评估机构应当根据法律、行政法规、资产评估准则的规定和评估机构内部质量控制制度，对资产评估报告进行必要的审核

B. 目前资产评估准则并未对审核级次作出具体的规定，评估机构可以根据评估机构的项目管理要求和质量控制制度确定其内部审核的级次

C. 评估机构的质量审核体系应当包括项目团队内部相关层级的审核以及质量控制部门（岗位）等独立于项目团队之外的审核

D. 进行质量控制部门（岗位）等审核时要审核对被评估资产自身状况是否进行了必要的了解，对评估风险是否有正确的评价

三、判断题

1. 资产评估委托合同所形成的文件资料是管理类工作底稿。（　　）

2. 评估档案是确定资产评估收费标准的重要依据之一。（　　）

四、思考分析题

1. 简要说明评估档案整理归集的范围。

2. 简要说明评估档案整理归集的要求。

项目四

资产评估基本方法

任务一　市场法

一、单项选择题

1.下列各项属于运用市场法评估资产价值所遵循的基本原则的是（　　）。

A.贡献性原则　　B.合法原则　　C.独立性原则　　D.替代原则

2.下列各项属于从资产本身的建造或制造工艺水平以及使用状态方面对资产进行描述的是（　　）。

A.资产的功能　　B.资产的实体特征

C.资产的质量　　D.资产的供求关系

3.评估某拟快速变现资产，在评估基准日与其完全相同资产的正常变现价为20万元，经资产评估师分析，认为快速变现的折扣率应为30%。因此，确定快速变现资产的评估价值为（　　）万元。

A.14　　B.6　　C.7　　D.10

4.评估对象年生产能力为100吨，参照资产的年生产能力为150吨，评估基准日参照资产的市场价格为9万元，由此确定评估对象的评估价值为（　　）万元。

A.5　　B.10　　C.6　　D.9

5.评估对象年生产能力为80吨，参照资产的年生产能力为100吨，评估基准日参照资产的市场价格为10万元，该类资产的功能价值指数为0.6，由此确定评估对象的评估价值大约为（　　）万元。

A.5.0　　B.9.6　　C.9.8　　D.8.7

6.与评估对象完全相同的参照资产6个月前的正常成交价格为8万元，半年间该类资产的价格上升了10%，该评估对象的评估价值为（　　）万元。

A.8　　B.9　　C.8.8　　D.10.8

7.已知某资产在2021年1月初的交易价格为800万元，该类资产已不再生产，该类资产价格的变化情况如下：2021年1—5月的环比价格指数为：101.6%、97.3%、102.5%和104.7%，则评估对象在2021年5月初的评估价值为（　　）万元。

A.848.7　　B.761.2　　C.881.6　　D.892.5

8.被评估设备于2021年6月30日进行评估。该类设备2021年上半年各月月末的价格同2020年年底相比，分别上涨了3.5%、4.7%、5.8%、63%、8.6%和9.5%。其中参照设备在2021年3月底的正常成交价格为8 800元，则被评估设备于2021年6月30日的价值为（　　）元。

A. 9 266.2　　B. 9 094.5　　C. 9 698　　D. 9 056

9.运用市场售价类比法评估资产价值时，可能用到的下列修正系数中，错误的计算公式是（　　）。

A.功能价值修正系数=评估对象生产能力÷参照物生产能力

B.交易时间修正系数=评估对象的定基价格指数÷参照物的定基价格指数

C.资产成新程度修正系数=评估对象成新率÷参照物成新率

D.交易情形修正系数=参照物交易情形÷正常交易情形

10.评估基准日某设备的成本市价率为120%，已知被评估全新设备的现行合理成本为30万元，则其市价为（　　）万元。

A.30　　B.32　　C.36　　D.40

11.某被评估企业的年利润为800万元，评估基准日资本市场上同类企业平均市盈率为15倍，则该企业的评估价值为（　　）万元。

A.10 000　　B.12 000　　C.15 000　　D.18 000

12.下列各项一般不适合用市场法评估的是（　　）。

A.二手机器设备　　B.房地产

C.部分软件著作权　　D.非专利技术

13.市盈率倍数法主要适用于（　　）。

A.房地产评估　　B.无形资产评估

C.机器设备评估　　D.企业价值评估

14.市场法中的具体方法可以分为直接比较法和间接比较法两大类。下列各项关于直接比较法的表述，错误的是（　　）。

A.现行市价法属于直接比较法

B.直接比较法直观简洁、便于操作

C.直接比较法通常对参照物与评估对象之间的可比性要求较高

D.直接比较法需要利用国家、行业或市场标准，应用起来有较多的局限性

二、多项选择题

1.下列各项关于市场法的表述，正确的有（　　）。

A.市场法是最为直接、最具说服力的评估方法之一

B.市场法中的直接比较法的适用条件是参照物与评估对象之间达到相同或者基本相同的程度，或者二者的差异主要体现在某一明显的因素上

C.间接比较法的适用条件是不要求参照物与评估对象必须一样或基本一样，只要参照物与评估对象在大的方面基本相同或相似

D.参照物与评估对象面临的市场条件具有可比性，包括市场供求关系、竞争状况和交易条件等

2.市场法评估资产价值的基本前提主要有（　　）。

A.要有一个活跃的公开市场

B.公开市场上要有可比资产及其交易活动

C.有充分时间进行分析判断

D.有可预测的资产收益

3.运用市场法评估资产价值时，下列各项关于参照物数量选取的表述，正确的有（　　）。

A. 通常应该选择3个以上

B. 选择1个即可，比较经济

C. 选择3个以上的参照物，避免个别交易的特殊性和偶然性对成交价及评估值的影响

D. 资产评估机构可以随意选择

4. 运用市场法评估资产价值时，下列各项属于直接比较法的有（　　）。

A. 现行市价法　　B. 市价折扣法

C. 观察法　　D. 功能价值类比法

5. 下列各项关于市场法评估基本步骤的表述，错误的有（　　）。

A. 为了避免某个参照物个别交易中的特殊因素和偶然因素对成交价及评估值的影响，运用市场法评估资产时选择的参照物越多越好

B. 对参照物的选取关键是资产的可比性问题，包括功能、市场条件及成交时间等

C. 影响资产价值的基本因素大致相同，具体到每一种资产时，影响资产价值的因素也是大致相同的

D. 运用市场法的一个重要环节就是将参照物与评估对象对比指标之间的差异数量化和货币化

6. 运用市场法评估企业价值时，应当重点考虑所选取参照公司的可比性，可比性判断的标准主要包括（　　）。

A. 行业标准　　B. 时间标准

C. 规模标准　　D. 财务标准

7. 下列各项关于运用市场法评估单项资产应考虑的可比因素的表述，正确的有（　　）。

A. 资产的功能　　B. 资产的实体特征和质量

C. 交易条件　　D. 市场条件

8. 下列各项可以考虑采用现行市价法评估的有（　　）。

A. 同品牌、同型号、同规格、同厂家、同批量的汽车

B. 可上市流通的股票和债券

C. 企业拥有的原材料

D. 批量生产的设备

9. 采用价值比率评估企业价值，下列各项关于价值比率选取的表述，正确的有（　　）。

A. 亏损企业一般不采用与利润相关的价值乘数

B. 可比参照物与被评估企业的资本存在较大差异，则不宜选择部分投资口径的价值乘数

C. 轻资产企业不选择与资产规模相关的价值乘数，应当考虑与收益口径相关的指标

D. 对于成本和利润较为稳定的企业，可以采用收益口径的价值乘数进行评估

三、判断题

1. 市场法也称比较法、市场比较法，是指通过将评估对象与可比参照物进行比较，以可比参照物的市场价格作为评估对象价值的评估方法的总称。（　）

2. 市场法是根据预期原则，任何一个理性的投资者在购置某项资产时，他所支付的价格不会高于市场上具有相同用途的替代品的现行市价。（　）

3. 市场法是根据替代原理，采用比较或类比的思路及方法估测资产价值的评估技术方法。（　）

4. 市场法是资产评估的重要方法之一，评估结果直观明了，较容易被资产评估业务各当事人所理解和接受。（　）

5. 市场法对参照物的选取关键是资产的可比性问题，包括功能、市场条件及成交时间等。（　）

6. 市场法需要评估专业人员对若干评估初步结果进行综合分析，以确定最终的评估值。（　）

7. 在运用市场法时，资产及其交易活动的可比性要求参照物成交的时间与评估基准日间隔时间不宜过长，这样可以减少调整时间因素对资产价值影响的难度。（　）

8. 运用市场法进行评估时，为了减少评估人员的工作量，选择的参照物最好不要超过3个。（　）

9. 直接比较法是市场法中最基本的评估方法，该法对参照物与评估对象的可比性方面的要求并不高。（　）

10. 采用价值比率评估企业价值，可比参照物与被评估企业的税收不一致，偏向于采用与税后收益相关的指标。（　）

四、思考分析题

1. 说明市场法的理论依据及应用的前提条件。

2. 市场法应用的基本步骤是什么？

3. 市场法的可比因素有哪些？

4.说明市场法运用的范围与局限。

五、综合训练题

评估对象为某机器设备，其生产时间为2012年，评估基准日为2021年1月。搜集到一交易案例，该机器设备和待估设备型号相同，属同一厂家生产，交易时间为2020年12月，交易价格为124 000元，该机器设备的生产时间为2012年。经调查了解，待估设备已使用年限为7.5年，尚可使用年限为13年；参照资产已使用年限为8年，尚可使用年限为15年。

要求：根据上述资料回答下列问题。

（1）运用市场法评估单项资产应考虑的可比因素有哪些？

（2）如果评估对象与参照资产的差异主要体现在新旧程度这一指标上，请评估该机器设备的价值。

任务二　收益法

一、单项选择题

1.资产评估中，采用收益法评估资产价值时，收益额是指（　　）。

A.资产的现时收益额　　B.资产的预期收益额

C.资产的实际收益额　　D.资产的历史收益额

2.在运用收益法进行资产评估时，下列各项不涉及收益法基本要素的是（　　）。

A.评估对象的预期收益

B.折现率或资本化率

C.评估对象取得预期收益的持续时间

D.评估对象的使用时间

3.某资产年收益额为7 500元，剩余使用年限为8年，假定折现率为10%，则其评估值为（　　）元。

A.60 000　　B.40 012　　C.45 806　　D.38 468

4.某啤酒生产企业以其生产某特制啤酒的专利权质押，从银行取得贷款。资产评估专业人员了解到，在评估基准日，该专利权的尚可使用年限为3年；根据以往的经营数据和市场对该品牌特制啤酒的认可程度，预计未来年收益将会维持在300万元。折现率假定为10%。则该特制啤酒专利权的评估价值为（　　）万元。

A.900　　B.746　　C.782　　D.390

5.某企业有一非专利技术，在严格保密的情况下，该技术将能持续稳定地为企业带来收益。假设在未来无限年期，该技术所产生的年收益为200万元，资本化率为8%，则该技术的评估值为（　　）万元。

A.2 000　　B.2 800　　C.2 500　　D.2 600

6.某公司预计一项非专利技术未来5年收益现值之和为3 200万元，折现率与资本化率均为9%，自第6年起该非专利技术的预期收益固定为1 800万元。在持续经营假设条件下，该非专利技术的评估值接近（　　）万元。

A.23 200　　B.18 576　　C.16 198　　D.15 954

7.评估对象为某企业的无形资产，预计该无形资产在评估基准日后未来5年每年的收益维持在120万元的水平上，并在第5年末出售该无形资产，经专家分析认为，该无形资产在第5年末的预期出售价格约为200万元，假设折现率为10%，该无形资产的评估价值最接近（　　）万元。

A.455　　B.580　　C.655　　D.1 324

8.评估对象为某企业，经评估人员分析预测，该企业评估基准日后未来3年的预期净利润分别为200万元、220万元、230万元，未来第4年至第10年企业净利润将保持在230万元的水平上，企业在未来第10年末的资产预计变现价值为300万元，假定企业适用的折现率与资本化率均为10%，该企业的股东全部权益评估值最接近（　　）万元。

A.1 377　　B.1 493　　C.1 777　　D.1 900

9.某企业在股市购买了甲公司的股票，已知甲公司股票风险收益率为14%，市场上短期国债收益率为3%，市场平均收益率为8%，则甲公司股票的β系数为（　　）。

A.2.8　　B.1.29　　C.2.1　　D.1.8

10.某公司的资本总额为1亿元人民币，其中长期负债占40%，平均利息率为6%，所有者权益占60%。评估时5年期国债的到期收益率为5.5%，社会平均投资报酬率为7%，该公司的所得税税率为25%。该公司股票的β系数估计为1.5。该公司的加权平均资本成本为（　　）。

A.5.58%　　B.6.28%　　C.6.45%　　D.6.86%

二、多项选择题

1.下列各项属于收益法评估基本前提条件的有（　　）。

A.被评估资产的未来预期收益可以预测并可以用货币衡量

B.未来市场交易条件可预测

C.资产拥有者获得预期收益所承担的风险也可以预测并可以用货币衡量

D.被评估资产预期获利年限可以预测，资产未来预期收益可预测

2.下列各项适宜采用收益法进行评估的有（　　）。

A. 单台机器设备　　B. 非上市交易的股票

C. 商铺　　D. 专利及专有技术

3. 下列各项属于收益法评估基本步骤的有（　　）。

A. 收集或验证与评估对象未来预期收益有关的数据资料

B. 分析测算评估对象的未来预期收益

C. 用折现率或资本化率将评估对象的未来收益进行折现

D. 分析测算折现率或资本化率

4. 收益 P=A/r 成立的条件包括（　　）。

A. 纯收益每年不变　　B. 纯收益每年递减

C. 资本化率固定且大于零　　D. 收益年限无期

5. 一般来说，资产预期收益可选择的类型，包括（　　）。

A. 净利润　　B. 息税前利润

C. 利润总额　　D. 净现金流量

6. 下列各项不属于与被评估资产相联系的风险有（　　）。

A. 市场竞争状况　　B. 资产状况

C. 管理水平　　D. 法律约束

7. 资产评估专业人员在评估实践中，可以采用一种评估方法进行评估的情形有（　　）。

A. 基于相关法律、行政法规、规章的规定可以采用一种评估方法

B. 由于评估对象仅满足一种评估方法的适用条件而采用一种评估方法

C. 由于委托人要求只采用一种评估方法

D. 因操作条件限制而采用一种评估方法

8. 下列各项关于对资产评估专业人员选择评估方法的要求的表述，正确的有（　　）。

A. 评估价值类型的确定首先取决于评估目的，评估目的是根本，资产评估方法需要与价值类型相适应

B. 委托人的特殊要求是评估专业人员选择评估方法需要考虑的因素之一

C. 评估方法的选取应当与资料收集情况相适应

D. 评估方法的选取应当考虑评估时限的长短及专业能力的高低

9. 下列各项关于折现率的表述，正确的有（　　）。

A. 一般来说，折现率应由无风险报酬率和风险报酬率构成

B. 资本化率与折现率是否相等，主要取决于同一资产在未来长短不同的时期所面临的风险是否相同，二者可能是不相等的

C. 资本化率与折现率在本质上没有区别，在收益额确定的情况下，折现率越高，收益现值越低

D. 从本质上讲，折现率是一个期望的投资报酬率

10. 按照资本资产定价模型，影响特定股票必要收益率的因素包括（　　）。

A. 无风险收益率　　B. 市场所有股票的平均收益率

C. 特定股票的 β 系数　　D. 特定股票的价格

三、判断题

1. 收益法是根据将利求本的思路，采用资本化和折现的方法来判断和估算资产价值的各种评估技术方法的总称。 （　）

2. 评估方法的选取应当与评估对象的类型和现实状态相适应。 （　）

3. 折现率是将未来有限期的预期收益折算成现值的比率，资本化率则是将未来永续性预期收益折算成现值的比率，所以说从本质上讲两个比率是没有区别的。 （　）

4. 在收益额确定的前提下，资本化率越高，收益现值越高；资本化率越低，收益现值也越低。 （　）

5. 一般情况下，在收益法运用过程中，折现率的口径应与收益额的口径保持一致。 （　）

6. 凡是具有潜在收益的资产，都可以用收益法进行评估。 （　）

7. 一般情况下，运用收益法评估资产的价值，所确定的收益额是资产在正常情况下所能够得到的归其产权主体的所得额。 （　）

8. 收益法中收益额是资产的现实收益额。 （　）

四、思考分析题

1. 说明收益法的理论依据及应用前提。

2. 收益法中收益额、折现率和收益期限三个基本参数的内涵、实质是什么？

3. 说明收益法评估的基本步骤。

4. 说明收益法的适用范围和局限。

五、综合训练题

1.某企业2020年利润表记载实现的净利润为260万元，补贴收入100万元（包括企业增值税出口退税28万元和因洪灾政府专项补贴72万元）；营业外支出82万元（为企业遭受洪灾的损失支出）。评估人员经分析，预计2021—2025年企业的净利润将在2020年正常净利润水平上每年递增5%，2026—2030年企业净利润将保持在2025年净利润水平上。企业将在2030年底停止生产、整体变现，预计变现值约为750万元。若折现率为12%，企业所得税税率为25%。

要求：根据上述资料回答下列问题。

（1）该企业2020年的正常净利润是多少？

（2）该企业2021—2025年每年的利润是多少？

（3）如果对该企业股东全部权益价值进行评估，应当采用什么方法？该方法的主要参数是什么？

（4）请评估2020年12月31日该企业股东全部权益价值（计算结果以万元为单位，保留两位小数）。

2.某收益性资产的相关资料如下：

（1）未来5年税后收益额分别为：400万元、410万元、430万元、450万元和480万元，从第6年开始预计收益额可稳定在480万元左右；

（2）长期负债占资产总额的比重为40%，长期负债利息率为8%；

（3）据查，评估时市场平均收益率为10%，无风险报酬率为4%，风险系数为1.5；

（4）企业所得税税率为25%。

要求：

（1）计算此收益性资产评估时适用的折现率；

（2）计算此项资产的评估值；

（3）简述收益法应用必须具备的前提条件。

3.中青资产评估公司接受乙公司委托对某一项目进行价值评估。双方确定采用收益法进行评估，有关资料如下：

（1）企业所得税税率为25%。

（2）未来3年该项目预期的税前利润分别为2 000万元、2 100万元、2 150万元，从第4年开始预计为2 200万元左右；该项目中资产预计寿命均为10年，每年提取折旧400万元，项目寿命以资产为准，项目完结时，没有残值。

（3）项目初始投资30 000万元，其中长期负债占30%，长期负债利息率为6%。

（4）经市场调查，评估时市场平均收益率为10%，无风险报酬率为4%，风险系数为1.5。

要求：根据上述资料回答下列问题。

（1）说明应用收益法必须具备的前提条件。

（2）在单项资产评估中，收益法通常被用于哪些资产的评估？

（3）使用资本资产定价模型确定的该项目权益资金的投资报酬率为多少？

（4）评估该项目适用的折现率为多少？
（5）利用净现金流量计算本企业该项目的评估值。

任务三　成本法

一、单项选择题

1. 成本法主要适用于（　　）前提下的资产评估。
A. 继续使用　　B. 公开市场　　C. 预期收益　　D. 交易

2. 运用成本法评估一项资产时，若分别选用复原重置成本和更新重置成本，则应当考虑不同重置成本情况下，具有不同的（　　）。
A. 功能性贬值　　B. 经济性贬值
C. 收益性贬值　　D. 实体性贬值

3. 复原重置成本与更新重置成本的相同之处表现为（　　）。
A. 技术水平相同　　B. 制造标准相同
C. 价格水平相同　　D. 材料消耗相同

4. 由于技术进步引起的资产功能相对落后而造成的资产价值损失是指（　　）。
A. 资产的重置成本　　B. 资产的实体性贬值
C. 资产的经济性贬值　　D. 资产的功能性贬值

5. 下列各项关于经济性贬值形成原因的表述，正确的是（　　）。
A. 资产持续使用造成的磨损　　B. 资产的生产加工质量持续降低
C. 资产的运营成本持续增加　　D. 资产生产产品的市场需求持续萎缩

6. 由于资产以外的外部环境因素变化导致资产价值的降低称为（　　）。
A. 实体性贬值　　B. 功能性贬值
C. 经济性贬值　　D. 无形损耗

7. 重置购建设备一台，现行市场价格为每台80 000元，运杂费2 000元，直接安装成本1 000元，其中原材料200元、人工成本800元。根据统计分析，得出安装成本中的间接成本为960元，则该机器设备的重置成本为（　　）元。
A.83 960　　B.80 000　　C.83 000　　D.89 620

8. 运用下列各项方法计算的结果必然属于复原重置成本的是（　　）。
A. 重置核算法　　B. 价格指数法
C. 功能价值法　　D. 规模经济效益指数法

9. 某评估对象购建于2015年，账面原值为40 000元，当时该类资产的定基价格指数为90%，评估基准日该类资产的定基价格指数为150%，则评估对象重置成本为（　　）元。
A.66 667　　B.68 592　　C.63 574　　D.68 742

10. 被评估设备年生产能力为100万件，运用市场法对其进行评估，所选参照物的生产能力为120万件，其为3年前购入，其他条件与评估对象相同，已知参照物价格为40万元人民币，3年中该类设备的价格指数分别比前一年上升20%，假设该类设备的价格与生产能力之间呈线性关系，则被评估设备重置成本接近（　　）万元。

A.40　　B.53　　C.58　　D.77

11.被评估资产甲生产能力为60 000件/年，参照资产乙的重置成本为5 000元，生产能力为30 000件/年，假设规模经济效益指数x取值0.7，被评估资产的重置成本最接近（　　）元。

A.7 300　　B.6 500　　C.7 212　　D.8 123

12.评估甲企业某类通用设备。经抽样选择具有代表性的通用设备6台，估算其重置成本之和为50万元，该6台具有代表性的通用设备的历史成本之和为600万元，则该类通用设备重置成本为（　　）万元。

A.1 000　　B.1 200　　C.1 500　　D.300

13.下列各项属于资产利用率小于1的情况的是（　　）。

A.满负荷运转　　B.超负荷运转

C.开工不足　　D.与资产负荷无关

14.下列各项表示实际已使用年限的是（　　）。

A.名义已使用年限×资产利用率　　B.总使用年限×资产利用率

C.尚可使用年限×资产利用率　　D.名义已使用年限+尚可使用年限

15.某资产于2012年1月购进，2022年1月评估时，名义已使用年限是10年。根据该资产技术指标，在正常使用情形下，每天应工作8小时，该资产实际每天工作7小时。由此可以计算其实际已使用年限为（　　）年。

A.8.5　　B.8.75　　C.9.1　　D.8.1

16.被评估蒸汽锅炉为1年前购建，评估时该锅炉由于蒸汽系统损坏无法使用，更换全部蒸汽系统需投入12万元，将其他部分修复到全新状态需投入全部重置成本的4%。该设备的重置成本为185万元，不考虑其他因素，则该设备的成新率为（　　）。

A.75.9%　　B.91.3%　　C.89.5%　　D.88.8%

17.某设备重置成本15万元，预计残值0.5万元，尚可使用年限与名义已使用年限均为5年，资产利用率90%，则该设备的实体性贬值额为（　　）万元。

A.6.87　　B.5.96　　C.6.58　　D.7.06

18.评估对象为2017年购入的一台设备，评估基准日该设备与目前相同生产能力的新型设备相比，需多用操作工人4名，每年多耗电40万度。如果每名操作工人每年的工资及其他费用为2万元，每度电的价格为0.6元，设备尚可使用4年，折现率为10%，所得税税率为25%，不考虑其他因素，则该设备的功能性贬值最接近（　　）万元。

A.54　　B.76　　C.87　　D.101

19.某被评估生产线的设计生产能力为年产15 000台产品，因市场需求结构发生变化，在未来可使用年限内，每年减少4 000台产品，每台产品损失利润60元，该生产线尚可继续使用6年，企业所在行业的投资回报率为8%，所得税税率为25%。则该生产线的经济性贬值额大约为（　　）元。

A.832 122　　B.982 563　　C.542 368　　D.783 215

20.在运用成本法进行资产评估时，下列各项表述错误的是（　　）。

A.重置核算法和价格指数法都是建立在历史资料的基础上

B.价格指数法估算的重置成本仅考虑了价格变动因素，因而确定的是复原重置成本

C.价格指数法建立在现行价格水平与购建成本费用核算的基础上

D.重置核算法既考虑了价格因素，也考虑了生产技术进步和劳动生产率的变化因素，因而可以用来估算更新重置成本

二、多项选择题

1.下列各项关于成本法的表述，正确的有（　　）。

A.成本法是以评估对象的历史成本为基础的评估方法

B.从被评估资产重建或重置的角度考虑是成本法的基本思路

C.评估对象能正常使用或者在用是成本法的应用前提之一

D.成本法通常要求采用能使资产价值最大化的用途

2.成本法评估涉及的基本要素主要包括（　　）。

A.资产的重置成本　　B.资产的实体性贬值

C.资产的经济性贬值　　D.资产的功能性贬值

3.下列各项属于采用成本法评估资产的前提条件有（　　）。

A.评估对象能正常使用或者在用

B.评估对象能通过重置途径获得

C.评估对象的风险可以预测并可以用货币来衡量

D.评估对象的重置成本以及相关贬值能合理估算

4.下列各项属于成本法评估资产步骤的有（　　）。

A.确定评估对象的使用年限

B.确定评估对象，并估算重置成本

C.分析测算评估对象预期收益持续的时间

D.测算评估对象的各项损耗或贬值额

5.下列各项属于确定资产更新重置成本技术方法的有（　　）。

A.重置核算法　　B.价格指数法

C.生产能力比例法　　D.经济效益指数法

6.资产评估中，实体性贬值的估算可采用的方法包括（　　）。

A.修复费用法　　B.观察法

C.统计分析法　　D.使用年限法

7.复原重置成本与更新重置成本的差异在于（　　）。

A.功能不同　　B.成本构成不同

C.价格标准不同　　D.材料、标准、技术等不同

8.下列各项属于评估资产采用的价格指数的有（ ）。

A.综合物价指数 B.分类（或个别）物价指数

C.评估基准日的物价指数 D.年平均物价指数

9.估算资产重置成本的功能价值类比法，主要包括（ ）。

A.市场售价类比法 B.生产能力比例法

C.物价指数法 D.规模经济效益指数法

10.下列各项可以体现资产的功能性贬值的有（ ）。

A.从产出能力角度看，在运营成本相类似的情形下，评估对象的产出能力要低于同类技术先进的资产

B.从运营成本角度看，在产出量相等的情形下，评估对象的运营成本要高于同类技术先进的资产

C.从收入角度看，在产出量相等的情形下，评估对象的收入要高于同类技术先进的资产

D.从产出能力角度看，在运营成本相类似的情形下，评估对象的产出能力要高于同类技术先进的资产

11.下列各项属于造成资产经济性贬值的主要原因有（ ）。

A.该项技术落后了 B.该项资产生产的产品需求减少了

C.社会劳动生产率提高 D.政府公布淘汰该类资产的时间表

12.选择评估方法时，主要应考虑的因素有（ ）。

A.资产评估的价值类型 B.评估对象的类型、理想化状态

C.所能收集到的数据及信息资料 D.评估原则

13.下列各项关于成本法优缺点的表述，正确的有（ ）。

A.成本法评估值与使用收益法或市场法得出的结果总是基本相同

B.有利于评估单项资产和具有特定用途的资产

C.在无法预测资产未来收益和市场交易活动不频繁的情形下，成本法给出了比较客观和可行的测算思路和方法

D.成本法是资产评估中最为基础的评估方法

14.如果采用多种评估方法得出的结果存在较大差异，可能的原因主要有（ ）。

A.某些方法的应用前提不具备 B.分析过程有缺陷

C.职业判断有误 D.资产的自然属性所致

15.下列各项表述正确的有（ ）。

A.市价折扣法一般适用于评估对象与参照物之间仅有时间因素存在差异的情形，且时间差异不能过长

B.市场售价类比法的计算公式为：资产评估价值=参照物售价+功能差异值+时间差异值+…+交易情形差异值

C.资产的实体特征和质量是运用市场法评估单项资产应考虑的可比因素之一

D.类比估价法的计算公式为：资产评估价值=参照物成交价格×（1−价格折扣率）

三、判断题

1.资产在全新状态下，其重置成本和历史成本应该是相等的。（ ）

2.采用成本法进行资产评估时，其实体性贬值与会计上的折旧应该是一样的。（ ）

3.更新重置成本是按被评估资产的功能重置的全部成本。（ ）

4.建造成本超支额（投资成本超支额）等于资产的复原重置成本减去更新重置成本。（ ）

5.运用重置核算法估测的重置成本一定是资产的更新重置成本。（ ）

6.定基价格指数是评估时点的价格指数与资产购建时点的价格指数之比。（ ）

7.运用价格指数法估测的重置成本是资产的复原重置成本。（ ）

8.净超额运营成本是超额运营成本扣除所得税以后的余额。（ ）

9.在评估对象相同、评估条件相同的前提下，采用不同的评估方法一定会得到截然不同的评估结果。（ ）

10.不论运用什么具体的评估技术方法估测资产的重置成本，其结果都应是一致的。（ ）

11.分析确定已经量化的对比指标之间的差异是采用成本法评估资产价值的一个步骤。（ ）

12.如果可以采用多种评估方法，不仅要确保满足各种方法使用的条件要求和程序要求，还应当对各种评估方法取得的各种价值结果进行比较，分析可能存在的问题并做相应的调整，确定最终评估结果。（ ）

13.从运营成本角度看，资产的功能性贬值可以体现在：在产出量相等的情形下，评估对象的运营成本要低于同类技术先进的资产。（ ）

14.成新率价格调整法一般只适用于评估对象与参照物之间仅有成新程度差异的情形。（ ）

15.成本法评估的基本前提条件是要有一个活跃的公开市场。（ ）

四、思考分析题

1.说明成本法的理论依据与评估思路。

2.成本法适用的前提和范围有哪些？

3. 什么是复原重置成本和更新重置成本？两者之间有何异同？

4. 成本法中重置成本、实体性贬值、功能性贬值和经济性贬值的含义及其相互关系是什么？如何估测各基本要素？

5. 分析成本法、收益法和市场法三种评估方法的优势与局限性，如何选择最适当的评估方法。

五、综合训练题

1. 对某企业的一台加工炉进行评估，该加工炉每周7天、每天24小时连续运转。经现场观察并与操作人员和技术人员交谈，了解到这台设备是8年前安装的，现在需要对炉内的耐火材料、一部分管道及外围设备更换。如果更换耐火材料、管道和外围设备，该加工炉就能再运转15年。经与设备维修和技术部门讨论，可知更换耐火材料需投资15万元，更换管道及外围设备需投资7万元，共22万元。采用成本法求得该加工炉的重置成本为160万元。

要求：根据上述资料回答下列问题。

（1）该加工炉适用的评估方法是什么？该方法的适用范围是什么？

（2）常用的资产实体性贬值的估算方法有哪些？

（3）估测该加工炉的成新率。

（4）计算该加工炉的评估值。

2. 某机器设备生产能力为年产30 000台产品，因市场需求结构发生变化，在未来可使用年限内，每年产量估计要减少60台左右，每台产品损失利润20元，该生产线尚可继续使用3年，企业所在行业的投资回报率为10%，所得税税率为25%。假定规模经济效益指数为0.4。

要求：根据上述资料回答下列问题。

（1）判断该机器设备产生的是哪项贬值，并说明理由。

（2）计算该机器设备的贬值率。

（3）计算该机器设备的贬值额。

3.甲公司与中青资产评估公司签订资产评估委托合同，对公司生产齿轮的生产线进行价值评估。已知该生产线额定生产能力为800个/月，已使用2年，目前状态良好，观察估计其实体性贬值25%，在生产技术方面，此生产线为目前国内先进水平。但是由于市场竞争激烈，目前生产能力为700个/月。假设已知其更新重置成本为80万元，这类设备的生产规模效益指数为0.7。

要求：根据上述资料回答下列问题。

（1）资产评估委托合同主要包括哪些内容？

（2）计算继续使用条件下该生产线的公平市场价值。

（3）资产评估委托合同由谁签名、盖章？

4.某设备购建于2014年1月，账面原值为20万元；2017年1月追加投资5万元，2021年1月进行评估。从2014年到2021年，该类设备每年价格上涨10%；该设备由于技术落后，每年生产成本比替代品超支1万元。该设备过去的资产利用率仅为70%，尚可使用5年。企业所得税税率25%，折现率10%。

要求：根据上述资料回答下列问题。

（1）应采用什么评估方法评估该项设备，并说明该方法适用的前提条件；

（2）计算该设备的重置成本；

（3）计算该设备的成新率。

5.某企业将某项资产与国外企业合资，要求对该资产进行评估。具体资料如下：

该资产账面原值270万元，净值108万元，按财务制度的规定该资产折旧年限为30年，已计提折旧20年。经调查分析确定：按现在市场材料价格和工资费用水平，新建造相同的资产的全部费用支出为480万元。经查询原始资料和企业记录，该资产截至评估基准日的法定利用时间为57 600小时，实际累计利用时间为50 400小时。经专家估算，该资产还能使用8年。由于技术落后，设计不合理，该资产耗电量大，维修费用高，与现在同类标准资产相比，每年多支出营运成本3万元（该企业所得税税率为25%，假定折现率为10%）。

要求：采用成本法对该资产进行评估。

项目五

机器设备评估

任务一　机器设备概述

一、单项选择题

1.在资产评估领域，按机器设备的（　　），机器设备可分为单台机器设备和机器设备组合。

A.组合形式　　B.使用性质　　C.数量　　D.技术信息

2.对机器设备进行评估时，最基本的分类方法是（　　）。

A.固定资产管理中机器设备的分类

B.会计核算中机器设备的分类

C.制造类企业进行的机器设备的分类

D.资产评估领域按机器设备组合形式的分类

3.机器设备在使用过程中，设备的零件由于摩擦、振动、腐蚀和疲劳等产生磨损，下列各项属于这种磨损的是（　　）。

A.第Ⅰ种有形磨损　　B.第Ⅱ种有形磨损

C.第Ⅰ种无形磨损　　D.第Ⅱ种无形磨损

4.机器设备在使用过程中，由于不断出现性能更完善、效率更高的设备而使原有设备在技术上显得陈旧和落后而产生磨损，下列各项属于这种磨损的是（　　）。

A.第Ⅰ种有形磨损　　B.第Ⅱ种有形磨损

C.第Ⅰ种无形磨损　　D.第Ⅱ种无形磨损

5.下列各项属于补偿第Ⅱ种无形磨损重要方法的是（　　）。

A.更换　　B.大修

C.项修　　D.对设备的技术改造

6.下列各项是指按事先的计划和相应的技术要求所进行的修理活动的是（　　）。

A.预防性修理　　B.事后修理　　C.改善修理　　D.质量修理

7.下列各项关于机器设备寿命的表述，不正确的是（　　）。

A.自然寿命的终结往往是因为综合磨损导致设备无法使用而报废

B.机器设备寿命，是指机器设备从开始使用到被淘汰所经历的时间期限

C.经济寿命是指机器设备从开始使用到在经济上已不合算而被淘汰所经历的时间期限

D.技术寿命主要由有形磨损决定，一般要短于自然寿命

8.机器设备的技术寿命是指（　　）。

A.从评估基准日到设备报废为止的时间

B.从设备使用到技术过时经历的时间

C.从评估基准日到设备技术过时经历的时间

D.从设备使用到继续使用在经济上不合算经历的时间

二、多项选择题

1. 在资产评估领域，对机器设备的定义是从（　　）方面进行的。

A. 自然属性　　B. 人文属性　　C. 科技属性　　D. 资产属性

2. 下列各项关于机器设备的基本特征的表述，正确的有（　　）。

A. 由零部件组成　　B. 有能量转换

C. 制造复杂　　D. 零部件之间有确定的相对运动

3. 设备修理可以分为（　　）。

A. 预防性修理　　B. 事后修理　　C. 改善修理　　D. 质量修理

4. 机器设备寿命是指机器设备从开始使用到被淘汰所经历的时间期限，一般包括（　　）。

A. 自然寿命　　B. 经济寿命　　C. 技术寿命　　D. 疲劳寿命

5. 下列各项属于对机器设备进行技术状况鉴定的有（　　）。

A. 设备的类别　　B. 加工精度　　C. 废品率　　D. 使用年限

三、判断题

1. 由于不断出现性能更完善、效率更高的设备而使原有设备在技术上显得陈旧和落后所产生的无形磨损，称为第Ⅱ种无形磨损。在这种磨损下，设备技术结构和经济性能并未改变，设备尚可继续使用，一般不需要更新。（　　）

2. 实际工作时间是从计划工作时间中扣除因事故、材料供应、电力供应等原因造成的停工时间。（　　）

3. 设备时间的利用好坏不会直接影响生产能力的发挥，不会影响设备的效率。（　　）

4. 设备由于有形磨损、无形磨损或其他原因而不能继续使用并“退役”的，需要淘汰报废。（　　）

5. 对设备的技术改造是补偿第Ⅰ种无形磨损的重要方法。（　　）

6. 机器设备的有形磨损带来的技术后果是机器设备的使用价值降低。（　　）

四、思考分析题

1. 什么是机器设备和机器设备评估？机器设备评估具有哪些特点？

2. 说明机器设备评估的基本程序。

任务二 机器设备评估基本事项的明确及清查核实

一、单项选择题

1. 作为整体资产组成部分的机器设备的价值类型有（ ）。

A. 续用价值　B. 变现价值　C. 清算价值　D. 投资价值

2. 下列各项关于机器设备价值类型的表述，正确的有（ ）。

A. 一般情况下，同一设备有序清算价值高于快速清算价值

B. 机器设备的快速清算价值不考虑安装、运输费用

C. 原地复用清算价值需要考虑设备安装成本

D. 作为整体资产组成部分的机器设备宜采用续用价值

3. 下列各项关于机器设备评估方法的表述，错误的有（ ）。

A. 机器设备评估应当根据评估目的、评估对象、价值类型、资料收集等情况选择评估方法

B. 对于具有独立运营能力或者独立获利能力的机器设备组合进行评估时，成本法可以作为唯一使用的评估方法

C. 用于租赁的设备可以采用收益法进行评估

D. 机器设备的重置成本可以划分为更新重置成本与复原重置成本

4. 对持续经营的企业进行整体企业价值评估，机器设备一般适用（ ）。

A. 原地持续使用假设　B. 移地持续使用假设

C. 改变用途使用假设　D. 变现假设

5. 机器设备清查核实内容中，下列各项不属于微观调查的有（ ）。

A. 机器设备的规格型号　B. 机器设备的维护保养情况

C. 机器设备的主要技术参数　D. 机器设备所在企业的生产工艺

二、多项选择题

1. 下列各项属于机器设备评估目的的有（ ）。

A. 出资　B. 涉税　C. 涉讼　D. 资产减值测试

2. 交易受到限制的机器设备价值类型包括（ ）。

A. 快速清算价值　B. 续用价值

C. 有序清算价值　D. 原地复用清算价值

3. 机器设备评估实践中，通常使用的评估假设包括（ ）。

A. 继续使用　B. 原地使用　C. 变现　D. 改变用途使用

4. 在机器设备评估中，要了解的权属资料情况主要包括（ ）。

A. 所有权情况　B. 抵（质）押情况

C. 使用情况　D. 融资租赁情况

5. 下列各项属于机器设备清查核实内容的有（　　）。

A. 微观调查　　B. 宏观调查

C. 抽样调查　　D. 法律权属资料

6. 下列各项属于机器设备微观调查内容的有（　　）。

A. 机器设备的购置日期　　B. 机器设备的抵押情况

C. 机器设备的维护保养情况　　D. 机器设备名称

三、判断题

1. 作为整体资产组成部分的机器设备的价值类型可以选择续用价值。（　　）

2. 机器设备组合不可以作为机器设备评估的评估对象。（　　）

3. 机器设备清查核实一般可以采用逐项调查或抽样调查的方法进行。（　　）

4. 在机器设备清查核实中，资产评估专业人员不可以利用专家及其工作成果。（　　）

5. 评估以出售为目的的旧机器设备，应以变现价格为基础，扣除变现时所应支付的变现费用。（　　）

6. 鉴定机器设备的已使用年限时，不用考虑技术进步因素。（　　）

7. 设备评估的现场工作包括分析委托方的各种评估表格、对设备进行技术鉴定、查明设备实物落实评估对象和确定设备的成新率。（　　）

8. 在用续用是机器设备评估的基本前提。（　　）

9. 明确评估目的和评估基准日是接受机器设备评估委托的前提条件。（　　）

10. 以资产保全为目的的机器设备评估，一般宜采用重置成本法。（　　）

四、思考分析题

1. 如何界定机器设备的评估范围。

2. 在机器设备评估中需要明确的基本事项有哪些？

3. 机器设备清查核实中的微观调查一般包括哪些内容？

任务三　机器设备评估的成本法

一、单项选择题

1.机器设备本体的重置成本通常是指设备的（　　）。

A.购买价+运杂费　　B.建造价+安装费

C.购买价+运杂费+安装费　　D.购买价或建造价

2.评估人员向近期购买该厂的同类产品的其他客户了解实际成交产品价格，这种方法属于（　　）。

A.市场询价　　B.综合评估

C.使用价格资料　　D.重置核算

3.被评估机器设备甲生产能力为60 000件/年，参照机器设备乙的重置成本为5 000元，生产能力为30 000件/年，假设规模经济效益指数x取值0.7，被评估机器设备重置成本最接近（　　）元。

A.7 300　　B.6 500　　C.7 212　　D.8 123

4.用物价指数法将设备的历史成本调整为评估基准日的成本，该结果是（　　）。

A.更新重置成本　　B.复原重置成本

C.超额运营成本　　D.超额投资成本

5.某设备系2016年9月1日购进，购进价格为200 000元，评估基准日为2019年9月1日。该设备2016年和2019年的定基价格指数分别是120%和110%。该设备的重置成本最接近（　　）元。

A.183 333　　B.240 000　　C.220 000　　D.218 182

6.机器设备评估中的综合估价法是利用设备的（　　）之间的比例关系设计的。

A.投入与产出

B.费用与收入

C.设备重置成本与主材和主要外购件费用

D.价值与功能

7.重新购置一台生产机器，现行市场价格为300万元，运杂费为20万元，直接安装费为3万元，其中人工成本为1万元、原材料为2万元，已知安装成本中的间接成本为每人工3元，则用重置核算法计算的重置成本为（　　）万元。

A.293　　B.300　　C.326　　D.329

8.进口设备的国内运杂费不包括（　　）。

A.运输超限设备特殊措施费　　B.运输费用

C.港口费用　　D.国内运输保险费

9.进口设备的到岸价格是指（　　）。

A.设备的离岸价+进口关税

B.设备的离岸价+海外运杂费+进口关税

C.设备的离岸价+海外运杂费+境外保险费

D.设备的离岸价+境外保险费

10.设备成新率是指（　　）。

A.设备综合性陈旧贬值率的倒数

B.设备有形损耗率的倒数

C.设备有形损耗率与1的差

D.设备现实状态成本与设备重置成本的比率

11.下列各项关于实体性贬值测算中的可修复性损耗和不可修复性损耗的表述，正确的是（　　）。

A.大多数情况下，可修复性损耗和不可修复性损耗是并存的，应分别进行计算

B.大多数情况下，两项损耗中要重点考虑其中一项损耗，需着重计算

C.大多数情况下，只存在一种损耗

D.以上说法均不正确

12.导致被评估机器设备功能性贬值的因素是（　　）。

A.市场竞争加剧，产品需求降低，设备开工不足，生产能力相对过剩

B.新技术的发展，被评估设备的运营费用相对提高

C.原材料、能源提价，造成生产成本提高，而售价没有相应提高

D.设备没有投入使用，在闲置和存放过程中产生损耗

13.某企业被评估设备的净超额运营成本为10 000元，剩余使用年限为3年，设折现率为10%，则该设备的功能性贬值率最接近（　　）。

A.2.49　　B.0.91　　C.1.67　　D.2

14.下列各项关于导致机器设备经济性贬值的因素的表述，正确的是（　　）。

A.受自然界中有害气体的侵蚀，设备出现腐蚀和老化

B.设备零部件受到冲击，导致设备零部件精度降低

C.由于技术进步，相同功能的新设备的制造成本比过去降低

D.国家环境保护法律使设备强制报废，缩短了设备的正常使用寿命

二、多项选择题

1.下列各项属于设备本体的重置成本的常用计算方法的有（　　）。

A.指数估价法　　B.市场直接询价法

C.重置核算法　　D.综合估价法

2.进口设备的重置成本包括（　　）。

A.设备购置价格　　B.设备运杂费

C.设备进口关税　　D.银行手续费

3.运用使用年限法估测设备的成新率涉及的基本参数有（　　）。

A.设备的总使用寿命　　B.设备的技术水平

C.设备的尚可使用年限　　D.设备的负荷程度

4. 设备的实体性贬值率相当于（　　）。

A. 设备实体损耗程度与全新状态的比率

B. 设备实体损耗额与全新状态的比率

C. 设备实体损耗程度与重置成本的比率

D. 设备实体损耗额与重置成本的比率

5. 设备的功能性贬值通常表现为（　　）。

A. 超额投资成本　　B. 超额重置成本

C. 超额运营成本　　D. 超额更新成本

6. 机器设备的经济性贬值通常与（　　）有关。

A. 市场竞争　　B. 产品供求

C. 技术进步　　D. 设备保养

7. 在进行机器设备的评估时，经济性贬值可以概括为（　　）。

A. 运营费用提高产生的经济性贬值

B. 使用寿命缩短产生的经济性贬值

C. 市场竞争加剧产生的经济性贬值

D. 产品销售量减少引起的经济性贬值

8. 价格资料是获得机器设备市场价格的重要渠道，使用价格资料，一般应注意的问题有（　　）。

A. 时效性　　B. 地域性

C. 全面性　　D. 可靠性

三、判断题

1. 运杂费和安装调试费一定是机器设备评估值的组成部分。（　　）

2. 估测一台在用续用设备的重置成本，首选方法应是询价法，然后再考虑其他方法。（　　）

3. 运用物价指数法估测机器设备的重置成本其实仅考虑了价格变动因素。（　　）

4. 进口设备的FOB价格加上途中保险费等于进口设备的CIP价格。（　　）

5. 一台2016年出厂的机床，出厂后至今一直闲置没有投入使用，由于该机床没有任何坏损，因而也没有任何贬值。（　　）

6. 已提完折旧的设备的成新率为零。（　　）

7. 综合成新率反映评估对象现行价值与其全新状态重置成本的比率。（　　）

8. 设备的超额投资成本=设备的更新重置成本-设备的复原重置成本。（　　）

9. 机器设备净超额运营成本是超额运营成本扣除所得税以后的余额。（　　）

10. 以设备的更新重置成本作为评估的基础，可以不考虑设备因有超额投资成本形成的功能性贬值。（　　）

11. 为节省资源和减少污染，政府规定年产1万吨以下的造纸厂必须关闭，由此造成年产1万吨以下企业的设备产生贬值，这种贬值属于经济性贬值。（　　）

四、思考分析题

1.确定设备本体重置成本的方法有几种?

2.如何区别机器设备的实体性贬值、功能性贬值和经济性贬值?

3.应用成本法评估机器设备应注意哪些问题?

五、综合训练题

1.现对一台5年前购置设备进行评估，其账面价值为30万元人民币，评估时该设备已停产，并被新型设备所取代。经调查和咨询了解到，在评估时点，其他企业购置新型设备的价格为40万元人民币，专家认定被评估设备与新型设备的功能比为0.7，被评估设备尚可使用6年。

要求：根据上述资料回答下列问题。

（1）估测该设备的重置成本；

（2）确定该设备的成新率；

（3）确定该设备的评估值。

2.被评估成套设备购建于2011年12月，账面价值100万元，2016年12月对该设备进行技术改造，追加投资20万元，2021年12月对该设备进行评估。经评估人员调查分析得到如下数据：

（1）从2011年到2016年，每年该类设备价格上升率为10%，而从2016年至2021年设备价格维持不变；

（2）该设备的月人工成本比其替代设备超支2 000元；

（3）被评估设备所在企业的正常投资报酬率为10%，规模经济效益指数为0.7，所得税税率为25%；

（4）该设备在评估前使用期间的实际利用率仅为正常利用率的80%，经技术检测该设备尚可使用5年，在未来5年中设备利用率能达到设计要求。

要求：

（1）计算被评估设备的重置成本及各项损耗；

（2）计算该设备的评估值。（以万元为单位，计算结果保留两位小数）

3.评估对象为甲企业于2018年12月31日购买的一台设备，该设备生产能力为年产产品100万件，设计使用年限为10年，当时的设备价格为120万元，甲企业在购入该设备后一直未将其安装使用，并使其保持在全新状态，评估基准日为2021年12月31日。

评估人员经调查获知，目前该种设备已经改型，与改型后的设备相比，被评估设备在设计生产能力相同的条件下，需要增加操作工人2名，在达到设计生产能力的条件下每年增加设备运转能耗费4万元，同时，由于该设备生产的产品市场需求下降，要使产品不积压，每年只能生产80万件，经调查，根据有关规定，该种设备自投入使用之日起，10年后必须报废，该类设备的规模经济效益指数为0.8，评估基准日之前5年内，该设备的价格指数每年递增4%，行业内操作工人的平均人工费用为每人每月3 000元（含工资、保险费、福利费），行业适用的折现率为10%，企业正常纳税，所得税税率是25%。

要求：

（1）采用环比物价指数计算该设备的当前重置成本；

（2）以重置成本为基数，计算该设备的各种贬值额；

（3）计算该设备的评估值。

4.对某企业机器设备进行评估，经现场勘查，基本情况如下：

（1）A设备为非标准自制设备，主材净消耗量为3.8吨，该主材评估基准日的市场价格为3 800元/吨，设备制造所需主要外购件的费用为21 470元。其主材利用率为90%，不含主要外购件费的成本主材费率为47%，成本利润率为16%，设计费率为15%，生产同样的设备2台。现行增值税税率为13%，城市维护建设税税率为7%，教育费附加征收率为3%。

（2）B设备2015年购建，账面原值为10万元，当时该类设备的定基物价指数为120%。2021年对该设备进行评估，当年定基物价指数为180%。

要求：

（1）计算A设备的重置成本；

（2）计算B设备的重置成本。（计算结果以元为单位，取整）

5.某被评估设备为甲公司2016年从美国引进的设备，进口合同中的FOB价是80万美元，国外运费率为8%，国外运输保险费率为1%，当年甲公司为关税及进口环节税免税企业，银行手续费、公司代理费等约占CIF价的4%，国内运杂费率为1%，安装费率为0.5%，基础费率为2%，当时美元对人民币的汇率为1∶7。评估基准日为2021年5月10日，此时甲企业为关税及进口环节税正常纳税企业。评估人员经进一步调查得到以下资料：

（1）2021年评估时美国生产厂家已不再生产这种设备，其替代产品的FOB报价为

110万美元，海运费率为5%，国外运输保险费率为0.4%，关税税率为16%，银行财务费率为0.4%，公司代理费率为1%，国内运杂费率为1%，安装费率为0.6%，基础费率为1.7%。设备从订货到安装完毕投入使用需要2年时间，第一年投入的资金比例为30%，第二年投入的资金比例为70%。假设每年的资金投入是均匀的，银行贷款利率为5%，美元兑人民币的汇率为1∶6.8。

（2）被评估设备从2016年5月开始投入使用，该设备使用到2020年5月时，由于操作上的原因造成其传动齿轮严重受损，导致其停产至评估基准日。传动齿轮的现行购买价格为80万元，调换费用约5万元。由于进口设备生产的产品受市场替代产品的影响，自评估基准日后每年的产量只能保持在设计生产能力的80%的水平上，并一直保持下去。经现场鉴定，设备如果按照设计生产能力的80%生产尚可使用8年。假设设备的价格与生产能力成非线性关系，设备的规模经济效益指数为0.7。

要求：

（1）计算该设备的重置成本；

（2）计算该设备的评估值。（暂不考虑相关业务的增值税）

项目六

建（构）筑物及在建工程评估

任务一　建（构）筑物评估认知

一、单项选择题

1. 下列各项不属于建筑物自然特性的是（　　）。

A. 不可移动性　　B. 不可隐匿性　　C. 耐久性　　D. 供给区域性

2. 下列各项不属于建筑物经济特性的是（　　）。

A. 长期使用性　　B. 易变现性　　C. 保值增值性　　D. 投资风险性

3. 下列各项表述正确的是（　　）。

A. 楼面地价是每单位建筑面积上的土地价格

B. 楼面地价是建筑物价格和面积的比值

C. 楼面地价是建筑单价和容积率的比值

D. 容积率是建筑物价格和面积的比值

4. 下列各项不属于影响土地价格的因素的是（　　）。

A. 面积　　B. 地形　　C. 层高　　D. 四至

5. 建筑物投机对建筑物价格的影响不包括（　　）。

A. 引起建筑物价格上涨　　B. 引起建筑物价格下跌

C. 起着稳定建筑物价格的作用　　D. 没有影响

6. 下列各项表述正确的是（　　）。

A. 建筑物需求大于供给时，建筑物的价格会下跌

B. 建筑物供给大于需求时，建筑物的价格会下跌

C. 建筑物供需变化对建筑物的价格没有影响

D. 建筑物供求均衡时，建筑物的价格不会变化

7. 下列各项关于土地稀缺性的表述，错误的是（　　）。

A. 土地的经济供给是无弹性的

B. 土地数量的有限性决定了土地供给的稀缺性

C. 土地供应的稀缺性与土地总量有密切相关

D. 土地面积的供给在一定时期和一定范围内是有限的，是无弹性的

8. 某宗土地面积为2 000平方米，土地上建有一幢10层的宾馆，宾馆首层面积为1 200平方米，第2—10层每层建筑面积为1 000平方米，则由此计算而得的建筑容积率为（　　）。

A. 0.6　　B. 2.0　　C. 5.1　　D. 6.0

9. 对不动产进行分类，下列各项不属于按照用途划分的是（　　）。

A. 居住不动产　　B. 工业不动产　　C. 自用不动产　　D. 特殊不动产

10. 下列各项不属于狭义定义下的建筑物的是（　　）。

A. 住宅　　B. 酒店　　C. 旅馆　　D. 水坝

11. 下列各项不属于影响建筑物价格的自身因素的是（　　）。

A. 区位因素　　B. 实物因素　　C. 权益因素　　D. 社会因素

12. 在影响建筑物价格的区位因素中，对价格影响最大的是（　　）。

A. 位置的优劣　　B. 城市规划限制

C. 交通通达程度　　D. 公共配套设施状况

13. 2021年2月周某以150万元（不含增值税价格）出售自有住房一套，购进价格为200万元（不含增值税）住房一套。已知契税适用税率为5%，计算周某上述行为应缴纳的契税税额，下列算式正确的是（　　）。

A.150×5%=7.5（万元）　　B.200×5%=10（万元）

C.150×5%+200×5%=17.5（万元）　　D.200×5%-150×5%=2.5（万元）

14. 下列各项建设用地建筑密度的计算公式，正确的是（　　）。

A. 建筑密度=总建筑面积/总建筑基底面积

B. 建筑密度=总建筑基底面积/总建筑面积

C. 建筑密度=总建筑基底面积/规划建设用地面积

D. 建筑密度=总建筑面积/规划建设用地面积

15. 下列各项属于建筑物实物因素的是（　　）。

A. 土地面积　　B. 建筑规模　　C. 环境景观　　D. 独立使用

二、多项选择题

1. 建筑物评估的合法性原则包括（　　）。

A. 合法产权　　B. 合法使用　　C. 合法处分　　D. 合法收益

2. 下列各项属于建筑物他项权利价格的有（　　）。

A. 抵押权　　B. 地役权　　C. 租赁权　　D. 典权

3. 影响建筑物价格的区位因素包括（　　）。

A. 位置　　B. 坐落　　C. 临街状况　　D. 环境

4. 影响建筑物价格的外部因素包括（　　）。

A. 国际地位　　B. 土地剩余使用年限

C. 城市规划　　D. 产权制度

5. 建筑物评估需明确的基本事项包括（　　）。

A. 明确评估目的　　B. 明确评估对象

C. 签订委托合同　　D. 明确评估基准日

6. 下列各项属于建筑物经济特性的有（　　）。

A. 价值量大　　B. 用途多样性

C. 数量有限性　　D. 保值增值性

7. 下列各项不属于影响不动产价格交易因素的有（　　）。

A. 供求关系　　B. 变现因素　　C. 权益因素　　D. 经济因素

8. 不动产需求是指在一定时期内，不同价格水平下，需求者愿意并且能够购买的不动产商品数量，包括（　　）。

A.生产性需求　　B.消费性需求　　C.预防性需求　　D.投资性需求

9.下列各项不属于不动产自然特性的有（　　）。

A.数量有限性　　B.耐久性　　C.用途多样性　　D.涉及广泛性

三、判断题

1.同一宗建筑物，交易或评估的只能是所有权价值，而不能是使用权价值。（　　）

2.地价最高、售价最贵的房产就是未来价值增长最大和最快的房产。（　　）

3.用途越单一的建筑物，使用的范围越窄，越不容易找到买家，变现能力越弱，建筑物价格越低。（　　）

4.人们的购买或者出售心态、对居住环境的认同感、欣赏趣味及时尚风气不会对建筑物的价格产生影响。（　　）

5.土地使用制度与住房制度对土地价格的影响是最大的。（　　）

6.砖混结构的建筑物变现能力比框架结构的建筑物的变现能力强。（　　）

7.房屋质量除了本体的质量以外还包括小区环境、物业管理等。（　　）

8.价值越大的建筑物变现能力越强。（　　）

9.开发程度低的建筑物，所需资金较少，容易找到买家，其变现能力强。（　　）

10.建筑物市场越不景气，出售越困难，其变现能力也就越弱。（　　）

四、思考分析题

1.影响建筑物价格的因素有哪些？

2.简要说明建筑物评估的原则有哪些？

3.建筑物评估的程序是怎样的？

4.建筑物评估中应当明确的基本事项有哪些?

5.对建筑物实地勘查，需要收集的资料有哪些?

6.建筑物价格的影响因素有哪些?

任务二　建（构）筑物评估基本事项的明确及清查核实

一、单项选择题

1.建筑物现场调查的内容不包括（　　）。

A.实物状态　　B.权益状态

C.区位及交易状况　　D.价格

2.对建筑物的权属状态了解的内容不包括（　　）。

A.建筑的类型　　B.土地权利性质

C.权属　　D.土地使用权的年限

3.针对土地使用权的权益状态，应关注的权属文件包括（　　）。

A.房屋转让合同　　B.土地出让合同

C.房屋权属登记证　　D.房屋销售合同

4.下列各项不属于引起不动产价格上涨的原因的是（　　）。

A.通货膨胀　　B.外部经济

C.内部经营管理　　D.需求增加导致稀缺性增加

5.下列土地使用权取得方式中，一般没有使用期限的限制的是（　　）。

A.出让　　B.租赁　　C.划拨　　D.出租

6.对待估建筑物进行清查核实，是建筑物评估工作的重要组成部分。下列各项属于清查核实建筑物实物状态的是（　　）。

A.不动产权证类型的查验　　B.不动产权属证明的查验

C.纳税情况的查验　　D.建筑规模的查验

7.下列各项关于建筑物清查核实的表述，错误的是（　　）。

A.必须进行逐项调查

B.评估专业人员在现场勘查时很少使用专业的不动产鉴定

C.可以利用专家和专业报告

D.可以要求相关当事人提供保证书或承诺函

8.在建筑物评估中的常用术语中，项目规划用地范围内总建筑面积与总建设用地面积之比，指的是（　　）。

A.容积率　　B.用地面积　　C.建筑面积　　D.建筑密度

9.某宗房地产的总价值为8 000万元，经估测，建筑物部分的价值为4 800万元，假定综合资本化率为8%，建筑物的资本化率为10%，则土地的资本化率为（　　）。

A.3%　　B.4%　　C.5%　　D.6%

10.下列各项属于对不动产区位特性分析进行现场调查的内容是（　　）。

A.结构　　B.微观坐落

C.面积　　D.土地使用限制

11.将不动产价格分为土地价格、房屋建筑物价格、房地合一价格的分类依据是（　　）。

A.计价单位　　B.不动产权利类型

C.物质实体形态　　D.价格形成方式

12.对所评估的不动产进行清查核实时，要了解不动产的账面原值、账面净值等情况，这属于对（　　）进行清查核实。

A.权利状态　　B.会计核算情况

C.实物状态　　D.区位和交易状况

13.下列各项不属于影响不动产价格的自身因素的是（　　）。

A.区位因素　　B.实物因素　　C.权益因素　　D.社会因素

14.不动产清查核实中，需要根据具体观察到的评估对象状况，对所抽取样本以外的不动产进行一定的假设和推断的清查核实方法是（　　）。

A.利用资料　　B.函证　　C.抽样调查　　D.逐项调查

15.单位建筑面积地价是指平均到每单位建筑面积上的土地价格，即（　　）。

A.单位价格　　B.土地使用权价格

C.总价格　　D.楼面地价

16.已知一幢10层的写字楼占地3 000平方米，写字楼首层面积为1 500平方米，第2层至第10层每层建筑面积为1 000平方米。据此，该写字楼建筑容积率的计算结果为（　　）。

A.0.5　　B.2　　C.3　　D.3.5

17.某宗土地面积为3 000平方米，单价为2 000元/平方米，规划容积率为5，建筑密度为0.6，则楼面地价为（ ）元/平方米。

A.600 B.400 C.500 D.750

18.某房地产土地总面积为20万平方米，土地单价为1 000元/平方米，建筑总面积为50万平方米。则楼面地价为（ ）元/平方米。

A.200 B.400 C.500 D.1 000

二、多项选择题

1.建筑物区位及交易状况分析包括（ ）。

A.区位特性分析 B.交易状况分析
C.功能价格分析 D.规划条件分析

2.建筑物现场调查的内容包括（ ）。

A.实物状况 B.权益状态
C.区位及交易状况 D.会计核算情况

3.建筑物现场调查收集的资料包括（ ）。

A.评估对象的基本情况，如产权、平面图、照片等
B.有关评估对象所在地段的环境情况和区域因素资料
C.与评估对象有关的建筑物市场资料，如市场供需状况、建造成本、租售价格等
D.国家和地方涉及建筑物评估的政策、法规和定额指标

4.建筑物清查核实的方法包括（ ）。

A.逐项调查 B.抽样调查 C.函证 D.询问

5.建筑物清查核实的手段包括（ ）。

A.目测 B.询问
C.查档案资料 D.利用专业机构出具的鉴定意见

6.下列各项属于按房地产实物形态划分的价格的有（ ）。

A.楼面地价 B.土地价格 C.建筑物价格 D.房地产价格

7.影响房地产价格的一般因素主要包括（ ）。

A.经济因素 B.社会因素 C.商服繁华因素 D.行政因素

8.下列各项属于影响房地产价格区域因素的有（ ）。

A.行政规划 B.基础设施 C.交通状况 D.生活设施

9.下列各项关于房地产价格影响因素的表述，正确的有（ ）。

A.容积率与地价成线性关系 B.地质条件与地价成正比关系
C.人口数量与房地产价格正相关 D.家庭规模与房地产价格成线性关系

三、判断题

1.在建筑物清查核实中，资产评估专业人员可以利用专家及其工作成果。（ ）

2.在建筑物清查核实中，资产评估专业人员可以要求相关当事人提供保证书或承诺函。（ ）

3.如因客观原因等因素限制，无法实施现场调查，资产评估专业人员应当拒绝评估。（　）

4.不同的评估目的，其所评估的价值的内涵也不完全相同。（　）

四、思考分析题

1.简要说明建筑物评估现场调查的内容有哪些。

2.简要说明建筑物清查核实的方法有哪些。

3.请说明建筑物清查核实的手段有哪些。

4.请说明建筑物的评估目的有哪些。

5.请说明建筑物的评估对象有哪些。

任务三　市场法在建（构）筑物评估中的应用

一、单项选择题

1.下列各项可以采用市场法进行评估的是（　）。

A.古建筑　B.教堂　C.普通商品住宅　D.图书馆

2.下列各项不能用市场法进行评估的是（ ）。

A.没发生建筑物交易或在建筑物交易发生较少的地区

B.建筑物开发用地

C.标准工业厂房

D.高档公寓

3.对某建筑物评估，在市场上找到一类似建筑物，它的交易价格是300万元，由于交易属于亲友之间交易，成交价比正常价格低10%，则该建筑物的价格为（ ）万元。

A.333.33　　B.300　　C.272.72　　D.330

4.某建筑物价格指数以2021年1月为100，2021年4月至10月每月上涨2%，其中某建筑物2021年7月的价格为12 000元/平方米，该建筑物在2021年10月的价格为（ ）元/平方米。

A.11 389.83　　B.12 642.86　　C.12 000　　D.12 631.59

5.下列各项表述错误的是（ ）。

A.在可比实例的成交日期至估价时点期间，因调整利率、通货膨胀或通货紧缩对价格造成影响时，必须进行适当的交易日期修正

B.当建筑物价格平稳发展时，可不进行交易日期修正

C.交易日期修正所选用的价格指数应该是本地区的建筑物的价格指数

D.交易日期修正所选用的价格指数应该是本地区的综合价格指数

6.某地区某类房地产2021年4月至10月的定基价格指数分别为99.6、97.5、100.7、105.0、106.2、108.5、110.1（以2021年1月为100）。其中某宗房地产2021年6月的价格为18 500元/平方米，修正到2021年10月的价格为（ ）元/平方米。

A.20 226.91　　B.19 398.57　　C.20 848.00　　D.19 179.38

7.为评估某套建筑面积为135平方米的住宅在2021年9月底的市场价值，搜集了以下4个交易实例（有关情况见表6-1），其中最适合作为可比实例的是（ ）。

表6-1　　**交易实例**

建筑面积单位：平方米　价格单位：元/平方米

可比实例	建筑面积	用途	价格	成交日期	区位	交易情况
甲	130	居住	15 680	2020.8	同一供需圈	正常交易
乙	125	居住	16 800	2021.6	同一供需圈	正常交易
丙	145	办公	19 500	2021.9	同一供需圈	正常交易
丁	135	旅馆	19 100	2021.7	同一供需圈	正常交易

A.甲　　B.乙　　C.丙　　D.丁

8.评估对象与可比案例除了位置不同，其他条件都相同。评估对象位于市中心，可比案例位于南三环，假设评估对象的位置分值为100分，可比案例的位置分值为90分，可比案例的交易价格为568万元，则修正后可比案例的价格为（ ）万元。

A.268.91　　B.631.11　　C.511.2　　D.568.51

9.市场法是建（构）筑物评估中最常见的基本方法之一，是通过对比影响交易价的一系列因素进行修正得出被估建筑物的价值的评估方法。其中，计算交易日期修正系数的公式中，分母通常设定为100，“100”的含义是（　　）。

A.表示评估基准日的价格指数

B.表示以评估基准日的价格指数为基准而确定的可比实例交易时的价格指数

C.表示可比实例交易时的价格指数

D.表示以可比实例交易时的价格指数为基准而确定的评估基准日的价格指数

10.使用基准地价系数修正法评估土地用地，该宗地的剩余土地使用权年限为35年，当地工业用地基准地价对应的使用权年限为50年，假设土地资本化率为6%，据此计算的土地使用权年期修正系数为（　　）。

A.2.3966　　B.0.9198　　C.0.4173　　D.1.0872

11.评估对象为一套建筑面积128平方米的封闭阳台的成套住宅，其中阳台的水平投影面积为8平方米。选取的某可比实例为一套建筑面积135平方米的未封阳台的成套住宅，其中阳台的水平投影面积为10平方米，成交价格为198万元。若该阳台封闭，则成交价格可达到205万元。以该可比实例为基础，则该评估对象的市场价格为（　　）万元。

A.198.26　　B.187.43　　C.185.38　　D.187.08

12.为评估某套建筑面积为135平方米的住宅在2021年9月底的市场价值，搜集了以下4个交易实例（见表6-2），其中最适合作为可比实例的是（　　）。

表6-2　　交易实例

建筑面积单位：平方米　价格单位：元/平方米

可比实例	建筑面积	价格	成交时间
甲	130	15 680	2020.8
乙	125	16 800	2021.6
丙	145	19 500	2021.9
丁	135	19 100	2021.7

A.甲　　B.乙　　C.丙　　D.丁

13.某一待估宗地剩余使用权年限为25年，土地还原率为10%，所选的参照物剩余使用权年限为20年，则土地使用权年限修正系数为（　　）。

A.0.92　　B.1.07　　C.1.09　　D.0.94

14.运用市场法评估房地产价值时，交易日期修正的主要目的是将参照物价格修正为（　　）的价格。

A.评估时　　B.参照物交易时

C.评估基准日　　D.未来预期

15.某待估宗地规划容积率为5，选择的比较案例的容积率为2，评估基准日比较案例的市场交易价格为1 000元/平方米，如果容积率为2和5所对应的容积率的修正系数分别为1.5和3，仅考虑上述条件，待估宗地每平方米的价格最接近（　　）元。

A.1 250　　B.1 500　　C.2 000　　D.3 333.33

二、多项选择题

1.建筑物评估采用市场法的前提条件有（　　）。

A.需要有一个充分发育的、活跃的、公平的资产交易市场

B.被评估建筑物的市场参照物及其相比较的指标、技术参数等资料是可以收集的

C.建筑物的建安成本能够找到

D.建筑物的使用寿命已知

2.采用市场法评估建筑物时，需要修正的因素有（　　）。

A.交易情况因素　　B.交易日期因素

C.建筑物状况因素　　D.容积率

3.在建筑物评估中，特殊因素对交易情况的影响主要包括（　　）。

A.有特殊利害关系的经济主体之间的交易，通常价格偏高

B.有特殊动机的交易，价格往往偏低

C.有意逃避交易税，签订的是虚假交易合同，造成交易价格偏低

D.买方和卖方不了解市场行情，盲目购买或出售，使交易价格偏高或偏低

4.采用市场法评估建筑物价值时，影响建筑物状况的因素有（　　）。

A.区位状况　　B.权益状况

C.实物状况　　D.交易日期

5.采用市场法评估建筑物价值时，建筑物权益状况修正的内容包括（　　）。

A.土地使用权年期　　B.城市规划限制条件

C.基础设施完备情况　　D.容积率

6.采用市场法评估建筑物价值时，建筑物特殊交易情形包括（　　）。

A.交易税费非正常负担　　B.将契税转嫁给卖方

C.相邻建筑物的合并交易　　D.受债权债务关系影响的交易

7.采用市场法评估建筑物价值时，下列各项关于交易日期的表述，正确的有（　　）。

A.当建筑物的价格平稳发展时，可以不进行交易日期修正

B.交易日期修正所选用的价格指数应该是本地区的建筑物价格指数

C.所有的可比实例都必须进行交易日期修正

D.当本地区缺乏价格指数时，可以选用全国的价格指数，只要是建筑物的价格指数就可以了

8.采用市场法评估建筑物价值时，建筑物区位因素修正包括（　　）。

A.商服繁华程度　　B.交通通达状况

C.基础设施完备程度　　D.公共设施完备程度

9.下列各项关于容积率的表述，正确的有（　　）。

A.对同一宗地来说，不同的容积率会产生较大的地价差异

B.一般来说，容积率越高，土地利用效率越高，从而地价也就越高

C.一般来说，容积率越高，土地利用效率越低，从而地价也就越低

D.通过容积率修正，可以消除由于容积率的不同而造成的地价水平的差异

10.选取可比实例后，应对可比实例的成交价格进行处理，建立价格可比基础，其包括（　　）。

A.统一财产范围　　B.统一付款方式

C.统一税费负担　　D.统一计税单位

11.确定被评估建筑物价值时，对多个初步评估结果进行处理的方式包括（　　）。

A.简单算术平均法　　B.加权算术平均法

C.随机抽取　　D.中位数法

三、判断题

1.如果可比实例的成交价格是不正常的，则应将其调整为正常的，如此才能做到评估价格的客观合理。（　　）

2.如果评估对象所处的区位环境优于可比实例所处的区位环境，则必须把可比实例的价格往低的方向修正。（　　）

3.容积率越高，土地利用效率越高，从而地价也就相应地提高。（　　）

4.如果土地的年收益确定后，土地的使用权年期越长，土地的总收益就越少，土地的价格也会越低。（　　）

5.可比实例的建筑物状况都应是在估价时点的状况。（　　）

6.对于不同使用性质的建筑物而言，影响其价格的区位和实物等因素不同，所以即使某些因素相同，其对价格的影响程度也不一定相同。（　　）

四、思考分析题

1.简要说明市场法的适用范围及前提条件。

2.简要说明特殊因素对交易情况的影响有哪些。

3.请说明如何对建筑物的交易日期进行修正。

4.请说明建筑物的状况如何进行修正。

5.简要说明市场法在建筑物评估中的操作步骤。

五、综合训练题

1.某评估项目背景如下：为评估某写字楼2021年5月1日的市场价值，在该写字楼附近选取了三个与其相似的写字楼的交易实例为可比实例。人民币汇率采取中间价，2021年3月1日为1美元对人民币6.5706元，2021年5月1日为1美元对人民币6.4990元；该类写字楼以人民币为基准的市场价格2021年1月1日至2021年3月1日平均每月比上月上涨1%，2021年3月1日至2021年5月1日平均每月比上月下降0.5%。交易日期、交易情况、区位因素的修正和调整，见表6-3。

表6-3 可比实例交易日期、交易情况、区位因素状况表

项目	可比实例1	可比实例2	可比实例3
成交价格	8 000元人民币/平方米	1 300美元/平方米	8 800元人民币/平方米
成交日期	2021年1月1日	2021年3月1日	2021年4月1日
交易状况	2%	3%	-3%
区位因素	-8%	-5%	6%

要求：请利用上述资料测算该写字楼2021年5月1日的市场价值。采用简单算术平均法求取最终基准价格。(最终结果以人民币表示)。

2.有一待估宗地G需要评估，现收集到与该宗地条件类似的6块宗地，具体情况见表6-4。

表6-4　　宗地G与条件类似的6块宗地的具体情况　　金额单位：元/平方米

宗地	成交价	交易时间	交易情况	容积率	土地状况
A	680	2018	+1%	1.3	+1%
B	610	2018	0	1.1	−1%
C	700	2017	+5%	1.4	−2%
D	680	2019	0	1.0	−1%
E	750	2020	−1%	1.6	+2%
F	700	2021	0	1.3	+1%
G		2021	0	1.1	0

该城市地价指数见表6-5。

表6-5　　该城市地价指数

时间	2015年	2016年	2017年	2018年	2019年	2020年	2021年
指数	100	103	107	110	108	107	112

另调查，该市此类用地容积率与地价的关系为：当容积率在1～1.5之间时，容积率每增加0.1，宗地单位地价比容积率为1时的地价增加5%，超过1.5时，超出部分的容积率每增加0.1，宗地单位地价比容积率为1时的地价增加3%。对交易情况、区域因素、个别因素的修正，都是案例宗地与被估宗地比较。

要求：根据上述资料，评估该宗地2021年的价值。

3. 某评估项目背景如下，为评估某写字楼2021年5月1日的市场价值，在该写字楼附近选取了三个与其相似的写字楼的交易实例为可比实例。该类写字楼以人民币为基准的市场价格2021年1月1日至2021年3月1日平均每月比上月上涨1%，2021年3月1日至2021年5月1日平均每月比上月下降0.5%。交易日期、交易情况、房地产状况的修正和调整见表6-6，并采用简单算术平均法求取最终基准价格。

表6-6　　交易日期、交易情况、房地产状况的修正和调整　　金额单位：元 / 平方米

	可比实例1	可比实例2	可比实例3
成交价格	28 000	21 300	28 800
成交日期	2021年1月1日	2021年3月1日	2021年4月1日
交易状况	+2%	+3%	−3%
不动产状况	−8%	−5%	+6%

要求：利用上述资料测算该写字楼2021年5月1日的市场价值。

任务四　收益法在建（构）筑物评估中的应用

一、单项选择题

1.利用收益法评估建筑物价值时，建筑物的总费用不包括（　　）。

A.管理费　　B.维修费　　C.保险费　　D.折旧费

2.运用收益法评估建筑物时，用来求取不动产净收益的不动产总费用通常包括（　　）。

A.管理费+折旧费+保险费

B.管理费+折旧费+保险费+房产税

C.管理费+维修费+折旧费+保险费+房产税

D.管理费+维修费+保险费+房产税

3.待估不动产的年客观总收入为300万元，年客观总费用为250万元，预计未来客观总收入和客观总费用将维持该水平，剩余使用年限为40年，采用报酬资本化法，报酬率为6%，则其评估价值最接近（　　）万元。

A.700　　B.752　　C.800　　D.833

4.下列各项不动产的评估，可以采用收益法的是（　　）。

A.学校　　B.公园　　C.写字楼　　D.寺院

5.若土地资本化率为6%，建筑物资本化率为8%，土地价值为1 000万元，建筑物价值为5 000万元，则建筑物的综合资本化率应为（　　）。

A.7.67%　　B.6.38%　　C.7.98%　　D.9.25%

6.某商铺建筑面积为500平方米，建筑物的剩余经济寿命和剩余土地使用权年限为35年；该商铺目前的月租金为100元/平方米，市场上类似商铺建筑面积的月租金为120元/平方米；运营费用为租金收入的25%；报酬率为10%。则该商铺的价值为（　　）万元。

A.521　　B.533　　C.695　　D.711

7.运用收益法评估投资性不动产的公允价值，当建筑物剩余年限与土地使用权年限不一致时，下列各项关于确定收益期的表述，正确的是（　　）。

A.按孰短原则确定　　B.按土地使用权剩余年限确定

C.按建筑物剩余年限确定　　D.按孰长原则确定

8.在运用收益法评估建筑物的价值时，下列关于收益期限的确定说法正确的是（　　）。

A.以单纯的建筑物作为评估对象的，应根据建筑物经济寿命确定未来可获收益的期限

B.如果建筑物的经济寿命短于土地使用权年限，则根据建筑物的经济寿命，扣减房地产开发建设及装修等期限，确定未来可获收益的期限。以该收益期限为基

础计算待估房地产的价值

C.不论是单独评估建筑物还是评估土地与建筑物合成体，收益期限都应该以建筑物的经济寿命为准

D.如果建筑物的经济寿命短于土地使用权年限，可先根据建筑物的经济寿命，扣减房地产开发建设及装修等期限，确定未来可获收益期限；然后再加上土地使用权年限超出建筑物经济寿命的土地剩余使用权年限价值的折现值

9.某砖混结构的三层住宅，宅基地面积为180平方米，建筑面积为400平方米。该房地产的折现率为9%，评估时的剩余使用年限按10年测算，该住宅的年纯收益为50 000元，则用收益法评估该住宅的每平方米价格为（　　）元。

A.802.2　　B.825　　C.1 054　　D.1 328

10.在正常情况下，用于房地产价值评估的收益应该是房地产的（　　）。

A.实际总收益-实际总费用　　B.客观总收益-实际总费用

C.客观总收益-客观总费用　　D.实际总收益-客观总费用

11.下列各项一般不适用收益法评估的是（　　）。

A.学校　　B.写字楼　　C.影剧院　　D.游乐场

12.某不动产在正常情况下，每年可获得有效收入30万元，假设年净收益在有效毛收入中的占比是66.67%，预计未来净收益将维持该水平，采用报酬资本化法，报酬率为10%，该不动产所在的土地是通过有偿出让获得使用权的，在估价时点剩余的土地使用权年限为40年，不可续期，则该宗不动产的收益价格约为（　　）万元。

A.180　　B.196　　C.200　　D.300

13.某宗土地，土地单价为10 000元/平方米，规划容积率为8，建筑密度为0.5，则其楼面地价为（　　）元/平方米。

A.800　　B.1 250　　C.5 000　　D.20 000

14.采用收益法评估房地产价值时，用来求取房地产净收益的房地产总费用中，不包含的费用是房地产的（　　）。

A.折旧费　　B.管理费　　C.维修费　　D.保险费

15.假定土地资本化率为6%，建筑物资本化率为8%，土地价值为1 000万元。建筑物价值为5 000万元，房地产的综合资本化率应为（　　）。

A.7%　　B.7.50%　　C.7.67%　　D.14%

16.评估人员拟采用市场提取法求取不动产的资本化率，收集到市场上近期交易的类似不动产资料见表6-7，则采用算术平均法求取的该类不动产的资本化率为（　　）。

表6-7　**近期交易的类似不动产资料**

项目	不动产A	不动产B	不动产C
年出租净收益（元/平方米）	1 240	1 250	1 300
销售价格（元/平方米）	11 500	12 450	14 400

A.9.88%　　B.9.95%　　C.10.12%　　D.10.1%

二、多项选择题

1.建筑物采用收益法进行评估，需满足的前提条件有（　　）。

A.建筑物未来预期收益必须是可以预测并可用货币来衡量的

B.建筑物预期所承担的风险可以预测，并可以用货币来衡量

C.建筑物的预期获利年限可以预测

D.在市场上可以找到相似的建筑物

2.运用收益法评估建筑物价值，涉及的参数有（　　）。

A.净收益　　B.净成本　　C.资本化率　　D.收益年限

3.在采用收益法评估建筑物价值时，下列各项关于净收益的表述正确的有（　　）。

A.净收益是归属于建筑物的除去各种费用后的收益

B.在采用收益法评估建筑物价格时，为确保准确性，要求用来测算的净收益必须为实际净收益

C.净收益为总收益减去总费用后的余额

D.在确定净收益时，需以类似建筑物的收益作比较

4.在用收益法评估建筑物价值时，求取折现率和资本化率的方法包括（　　）。

A.市场提取法　　B.安全利率加风险调整值法

C.各种投资收益率排序插入法　　D.上市公司比较法

5.在采用收益法评估建筑物价值时，下列各项关于客观总收益的表述，正确的有（　　）。

A.求取总收益时，是以实际收益为基数计算的

B.在计算客观总收益时，建筑物所产生的正常收益必须是其处于最佳使用状态下的结果

C.在确定收益额时，需考虑收益的风险性和可实现性

D.有租约限制的，租约期限内的租金宜采用租约所确定的租金

6.下列各项关于房地产评估收益法中收益额的表述，正确的有（　　）。

A.房地产的收益额应该是净收益，指归属于房地产的总收入除去各种付现费用后的收益

B.净收益不应该是实际净收益，而应该是客观净收益，只有客观净收益才能作为评估的依据

C.净收益=客观总收益-客观总费用

D.总费用也应该是客观费用，需要剔除不正常的费用

三、判断题

1.收益法适用的对象是有收益或潜在收益的建筑物。（　　）

2.在采用收益法评估建筑物价值时，要求用来测算的净收益必须为客观净收益。（　　）

3. 收益法评估建筑物价值时，求取总收益应该以实际收益为基础计算。（　）

4. 有租约限制的建筑物，租约期限内的租金宜采用正常客观的租金。（　）

5. 实际净收益由于受多种因素的影响，通常不能直接用于评估参考目的，必须对存在偏差的实际净收益进行修正。（　）

6. 资本化率和折现率都是一种投资回报率，是将建筑物未来收益转换为现值的比率。（　）

7. 报酬率与投资风险成正相关关系，风险大的投资，其报酬率也高。（　）

8. 当土地为出让方式取得时，土地可使用年限为估价时点该土地用途的法定最高出让年限。（　）

9. 对于评估对象为房地合一的情况，其收益年限是通过土地可使用年限与建筑物可使用年限比较，哪个年限长来确定的。（　）

10. 当土地使用权年限长于建筑物经济寿命时，可以将建筑物的收益年限假设为无限期，并把土地使用权的摊销费和房屋建筑物的折旧费作为计算建筑物正常收益的扣除项处理。（　）

四、思考分析题

1. 简要说明收益法的基本思路和适用范围。

2. 请解释收益法评估建筑物的三个参数——净收益、资本化率和收益年限。

五、综合训练题

1. 某商场的土地使用权期限和建筑物使用期限均为40年，自2018年8月起计算。该商场共有2层，每层面积均为2 000平方米，一层于2019年8月租出，租赁期限为5年，出租率为90%，月租金为180元/平方米，且每年不变；二层现暂空置，打算进行出租，预计出租率与一层相同，均为90%。附近类似商场一、二层出租的正常月租金分别为200元/平方米和120元/平方米。该商场年运营费用约占年租赁有效毛收入的25%。采用报酬资本化法，报酬率为10%。（假设不存在违约情况）

要求：使用收益法计算该商场2021年8月带租约出售时的正常价格。（计算结果以万元表示）

2.评估对象是一出租写字楼，土地总面积为5 300平方米，总建筑面积25 000平方米，建筑层数为18层，建筑结构为钢筋混凝土结构。该写字楼的土地使用权于2016年4月1日以出让的方式获得，土地使用权年限为50年，写字楼于2018年4月1日建成并开始出租，建筑物的耐用年限为60年。收集的有关资料如下：

（1）租金按净使用面积计算。可供出租的净使用面积为15 000平方米，占总建筑面积的60%，其余部分为大厅、公共过道、楼梯、电梯、公共卫生间、大楼管理人员用房、设备用房等占用面积。

（2）租金平均每月每平方米85元。

（3）空置率年平均为10%，即出租率年平均为90%。

（4）建筑物原值为4 800万元。

（5）家具设备原值为420万元，家具设备的经济寿命平均为10年，残值率为4%。

（6）经常费用平均每月8万元，包括工资、水电、供暖、维修、保洁、保安等费用。

（7）房产税按年总收入的12%缴纳，保险费按建筑物原值的3‰计算。

（8）增值税及附加为年总收入的5.5%。

经估测，房地产的资本化率确定为8%。

要求：评估该写字楼2021年4月1日的价值。

3.某宗不动产的收益期为38年，预测其未来5年的净收益分别为20万元、22万元、25万元、28万元、30万元，从未来第6年到第38年每年的净收益将稳定在35万元左右。采用报酬资本化法，报酬率为10%。

要求：计算该不动产的收益价值。

4.资产评估师受托评价一宗土地的价值，经过调查，获得以下资料：

（1）该土地位于繁华商业街，于2014年5月以有偿出让方式取得，但是获得使用权是商业用地的最高出让年限，并于2015年5月在此地块上建成一座砖混结构的写字楼。经济耐用年限为35年，残值率为5%。假设土地使用权出让年限届满，土地使用权及地上建筑物由国家无偿收回。

（2）当时该写字楼的造价是每平方米3 000元，2015年5月至评估基准日间物价每年上涨2%。

（3）该被评估房地产，2019年1月订立了2年期的租约，整幢出租月租金收入为3万元。评估基准日预计同类房地产年租金应为1 000元/平方米，空置率为22%，房产税按租金收入的12%计算，管理费以年租金的3%计算。

（4）各年修缮费以评估基准日房屋现值的1.5%计算，各年保险费以房屋评估基准日现值的3‰计算，城镇土地使用税以每年每平方米2元计算。

（5）假设建筑物的还原利率为10%，土地还原利率为8%。

（6）该土地面积360平方米，建筑物面积510平方米。

要求：评估本例房屋基地在2021年5月的土地使用权价格。

任务五 成本法在建（构）筑物评估中的应用

一、单项选择题

1. 对于某些建成年份较早的建筑物，其账面历史成本已不具备参考价值，且工程图纸、工程决算资料也不齐全，评估人员在评估房屋建筑物的建安综合造价时，宜采用的方法是（　　）。

A. 重编预算法　　B. 单方造价指标法

C. 决算调整法　　D. 类比系数调整法

2. 使用成本法评估土地使用权价值，其对应的基本公式为（　　）。

A. 土地使用权价值=土地取得费用+土地开发费用+税费+利息+利润+土地增值收益

B. 土地使用权价值=土地取得费用+土地开发费用+税费+利息

C. 土地使用权价值=土地取得费用+土地开发费用+税费+利息+利润

D. 土地使用权价值=土地取得费用+土地开发费用+税费

3. 对某建筑物的成新率进行计算，其尚可使用年限为10年、已使用年限为10年。评估专业人员的打分结果为结构70分、装修50分、设备60分，评分权重系数分别为：60%、20%、20%。假设年限法权数为0.4，打分法权数为0.6，综合成新率为（　　）。

A.57%　　B.64%　　C.58.4%　　D.50%

4. 下列各项不属于采用成本法评估建筑物的前提条件的是（　　）。

A. 被评估建筑物处于继续使用状态或被假定处于正在使用状态

B. 被评估建筑物应当具备可用的历史资料

C. 被评估建筑物的收益年限可以确定

D. 建筑物建造过程中的工程量可以计量

5. 采用成本法评估建筑物价值中，适用范围不包括（　　）。

A. 建筑物市场发育成熟，成交案例较多的

B. 开发后供公益事业使用的建筑物

C. 新近开发的建筑物

D. 具有特殊用途的建筑物

6. 某写字楼的土地取得成本8 000万元，开发成本6 000万元，管理费用800万元，销售费用600万元，投资利息720万元，销售税费为售价的6%，销售利润率为16%，该写字楼的价值为（　　）万元。

A.17 087.20　　B.18 699.20　　C.19 666.40　　D.20 666.67

7. 一般情况，土地补偿费和安置补助费标准的总和不得超过土地被征收前3年平均年产值的（　　）倍。

A.15　B.20　C.30　D.45

8.每公顷的安置补助费最高不超过被征收前3年平均年产值的（　　）倍。

A.15　B.6~10　C.30　D.20

9.采用成本法评估建筑物的重置成本通常是以（　　）为依据的。

A.该建筑物预算数　B.同类建筑物客观合理投入额

C.建筑物建安成本　D.建筑物人工费率变化率

10.某建筑物建成于2011年1月，为钢筋混凝土结构，耐用年限为60年，残值率为2%。该建筑物2021年1月的重置成本为500万元，2021年1月的评估值接近（　　）万元。

A.400　B.418　C.402　D.390

11.根据我国土地管理法的有关规定，国家征用耕地需支付给农村集体经济组织的费用一般包括（　　）。

A.土地补偿费、安置补助费、地上附着物和青苗补偿费

B.土地补偿费、安置补助费和青苗补偿费、新菜地开发基金

C.土地补偿费、安置补助费、拆迁补偿费、地上附着物和青苗补偿费

D.土地补偿费、安置补助费、拆迁补偿费、青苗补偿费

12.用成本法评估土地时，土地取得费的计息期应为（　　）。

A.整个开发期　B.整个销售期

C.整个开发期和销售期　D.整个开发期和销售期的一半

13.开发对象为某市经济技术开发区的一宗土地，面积为10 000平方米，土地开发费为每平方米250元，土地开发周期为2年，土地开发费每年均匀投入，第一年投入资金占总开发费用的40%，银行贷款年利率为6%，则该宗土地开发费利息为（　　）万元。

A.12.41　B.13.57　C.15.73　D.16.84

二、多项选择题

1.国家征收集体土地而支付给集体土地所有者的费用包括（　　）。

A.拆迁费　B.安置补助费

C.土地补偿费　D.青苗补偿费

2.房屋建筑物建安综合造价的确定，可以采用的方法包括（　　）。

A.重编预算法　B.决算调整法

C.类比系数调整法　D.单方造价指标法

3.以征用农地方式取得的土地，土地取得费包括（　　）。

A.土地补偿费　B.青苗补偿费

C.树木补偿费　D.安置补助费

4.以受让方式取得的土地，土地取得费包括（　　）。

A.安置补助费　B.土地出让金

C.动迁费　D.土地补偿费

5.利用成本法评估土地价值时，土地开发费用中的公共事业配套费包括（　　）。

A.公共建筑配套费　　B.人防工程费

C.煤气建设费　　D.绿化费

6.利用成本法评估土地价值时，下列各项关于投资利息的表述，正确的有（　　）。

A.只有借入的资金计算利息，自有资金是不用计算利息的

B.利息计算采用复利，而不是单利

C.计息的时间要准确把握垫付资金所占用的时间

D.利息计算采用单利，而不是复利

7.新建建筑物的开发成本包括（　　）。

A.勘查设计和前期工程费　　B.基础设施建设费

C.房屋建筑安装工程费　　D.公共配套设施建设费

8.运用成本法对地产价格评估，其适用范围包括（　　）。

A.新开发地　　B.学校用地

C.公园用地　　D.商业用地

三、判断题

1.土地成本的增加一定会增加土地的使用价值。（　　）

2.建筑物会因使用和自然力的作用而发生实体性有形损耗，也会因使用用途、使用强度、建筑结构等方面的不当以及闲置而产生功能性和经济性贬值。（　　）

3.在计算投资利息时，自有资金不用计算利息。（　　）

4.开发利润的计算基数是土地取得费用和开发费用之和。（　　）

5.在建筑物估价中一般采用经济耐用年限，经济耐用年限一般小于自然耐用年限。（　　）

6.土地增值收益是指土地开发改变用途后超过土地成本价格的增值额，由政府收取。（　　）

7.如果土地是以征收农地方式取得的，土地取得费包括土地出让金、青苗补偿费、树木补偿费、安置补助费、拆迁补偿费、新菜田开发建设基金和耕地占用费。（　　）

8.如果是以受让方式取得的城市国有土地，土地取得费包括土地补偿费和动迁费。（　　）

9.土地开发费用包括基础设施配套费、公共事业配套费和小区开发配套费。（　　）

四、思考分析题

1.简要说明成本法的基本思路和适用范围。

2. 简要说明成本法评估建筑物的前提条件有哪些？

3. 简要说明成本法在土地评估中的操作步骤是怎样的？

4. 简要说明成本法在新建建筑物评估中的操作步骤是怎样的？

5. 简要说明成本法在旧建筑物评估中的操作步骤是怎样的？

五、综合训练题

1. 某公司5年前以出让方式取得一宗面积2 000平方米的40年使用权的土地，于3年前建成物业投入使用，总建筑面积为5 000平方米。现时重新取得40年土地使用权的出让价格为2 000元/平方米，重新建造建筑物的建安成本为600万元（建筑期为2年，第1年投入40%，第2年投入60%，可视为集中投入），管理费用为建安成本的3%，年利率为6%，销售税费为90万元，开发利润为120万元。门窗、墙面等损坏的修复费用为8万元；装修的重置价格为140万元，平均寿命为5年；设备的重置价格为100万元，平均寿命为10年；假设残值率为0。

要求：计算该宗房地产现时的价格。（土地资本化率为8%）

2. 某建筑物为钢筋混凝土结构，经济寿命为50年，有效使用年数为8年。经调查测算，现在重新建造全新状态的该建筑物的建造成本为800万元（建设期为2年，假定第1年投入建造成本的60%，第2年投入40%，均为均匀投入），管理费用为建造成本的3%，年利息率为6%，销售税费为50万元，开发利润为120万元。又知其中该建筑物的墙、地面等损坏的修复费用为18万元；装修的重置价格为200万元，平均寿命为5年，已使用2年；设备的重置价格为110万元，平均寿命为 10年，已使用8年。假定残值率均为0。

要求：计算该建筑物的折旧总额。

3.某工业生产企业委托评估机构对其自用的办公用房（含办公楼和土地）进行抵押评估，评估基准日为2021年6月30日，评估对象基本情况如下：土地面积2 200平方米，于2013年6月30日通过出让方式获得；房屋建筑面积为7 700平方米，于2015年6月30日竣工投入使用，采用房地分估模式进行评估，其中对土地采用基准地价系数修正法评估，评估单价为1 200/平方米（不含增值税）；收集到评估基准日与该办公用房类似的典型案例的完整决算资料，通过对典型工程案例决算资料调整，估测出该办公用房评估基准日三项费用变化为：人工费是原决算价的1.2倍，材料费是原决算价的1.15倍，施工机具使用费是原决算价的1.02倍，并以此作为评估取值依据。

评估基准日建筑安装工程费的计算过程、方法及部分费率取值依据见表6-8。

表6-8　**建筑安装工程费计算表**

编号	项目	计算公式	费率
一	分部分项工程费	1+2+3+4+5	
1	人工费		
2	材料费		
3	施工机具使用费		
4	管理费	1×费率	30%
5	利润	1×费率	15%
二	措施项目费	一×费率	14%
三	其他项目费	0	
四	规费	1×费率	20%
五	税金	（一+二+三+四）×税率	9%
六	工程造价（含税）	一+二+三+四+五	
七	工程造价（不含税）	一+二+三+四	

评估计算得到建设前期及其他费用和利息合计450元/平方米，拟采用年限法成新率和打分法成新率加权平均的方式确定综合成新率，年限法权重系数取0.4，打分法权重系数取0.6，打分法确定的成新率为85%，分析确定的尚可使用年限为42年。

要求：

（1）简述重置成本法评估不动产时，计算房屋建筑安装工程费的常用方法。

（2）简述对建筑物的实物状态进行清查核实的主要内容。

（3）计算单位建筑面积的人工费、材料费和施工机具使用费；计算单位建筑面积的建筑安装工程费，计算单位建筑面积的重置成本（不含增值税，计算过程和结果按元取整）。

4.某企业拟转让一项工业房地产，委托中青资产评估公司进行评估，评估基准日为2021年6月30日，资产评估公司现场调查后，拟对建筑物采用重置成本法，对土地使用权采用基准地价系数修正法进行评估。该工业房地产情况如下：

建筑面积4 650平方米，2015年6月30日建成并投入使用，经济寿命年限为40年，截至目前正常使用，经评估，重置单价为3 500元/平方米，用打分法确定的建筑物成新率为78%。

房地产用地于2013年6月30日通过出让方式取得，位于某地区三类地价区，土地面积2 500平方米，出让年限50年。用地性质为工业用途，土地开发程度达到六通一平。该地区三类地价区的工业用地基准地价为650元/平方米。基准地价内涵为六通一平，50年期出让土地使用权，平均容积率为2.0。基准地价的基准日期为2017年6月30日。根据基准地价资料，容积率修正系数见表6-9。

表6-9 容积率修正系数

容积率	1.7	1.8	1.9	2.0	2.1	2.2	2.3
修正系数	1.075	1.042	1.018	1	0.982	0.951	0.923

该地区地价指数是以2015年为基期的定基指数，2017—2021年地价指数见表6-10。

表6-10 2017—2021年地价指数

2017年6月	2018年6月	2019年6月	2020年6月	2021年6月
1.3	1.7	2.3	2.35	2.46

影响地价的其他因素修正系数为1.05，土地资本化率为6%，不考虑交易环节税费。

要求：

（1）计算土地使用权评估单价；

（2）若打分法和年限法权重比为6∶4，计算建筑物综合成新率；

（3）计算建筑物评估值。

5.中青资产评估公司对乙企业的一幢办公楼进行评估，评估基准日为2021年12月31日，采用重置成本法。该办公楼由企业出资委托施工企业承建，建设工期1年，于2014年12月底建成并投入使用，建设面积10 000平方米，经济使用年限50年，办公楼使用、维修和保养正常。资产评估专业人员对该办公楼的结构部分、装修部分和设备部分的状况进行了评判打分（满分100分），分值分别为92分、69分、88分，权重系数分别为85%、10%、5%。按照重编预算的方法计算得出土建工程造价为3 785万元，安装工程造价为705万元。前期费用费率为2%，期间费用费率为5%，资本化率为4.35%，利润率为5%。

要求：计算该办公楼的评估值。

任务六　在建工程评估

一、单项选择题

1. 下列各项属于按标志性工程进度进行分类的是（　　）。

A. 工业厂房　　B. 民用建筑

C. 给排水工程　　D. 农业建筑

2. 在建工程评估中，土地使用费中土地征用及拆迁补偿费包括（　　）。

A. 土地补偿费　　B. 土地使用权费

C. 前期工程费　　D. 预备费

3. 在建工程评估中，项目总投资中的建设单位管理费包括（　　）。

A. 研究试验费　　B. 开办费

C. 勘查设计费　　D. 工程监理费

4. 在建工程评估中，与项目建设有关的其他费用中的工程总承包费不包括（　　）。

A. 勘查设计费　　B. 设备材料采购费

C. 施工招标费　　D. 土地使用权费

5. 非竣工或非停工的在建工程的成新率一般为（　　）。

A.85%　　B.90%　　C.95%　　D.100%

6. 界定某项建筑物是否属于在建工程的依据是（　　）。

A. 是否已经付清工人工资　　B. 主体建筑是否已经完工

C. 是否进行了整体竣工验收　　D. 是否已经竣工

7. 在建工程界定的主要依据是（　　）。

A. 是否全面停工　　B. 是否建设完成

C. 是否完成了整体的资金结算　　D. 是否进行了整体竣工验收

8. 下列在建工程的价值构成项目中，属于与未来生产经营有关的其他费用的是（　　）。

A. 系统设备系统联动无负荷试运转费　　B. 单台设备系统联动无负荷试运转费

C. 联合试运转费　　D. 引进技术和设备进口的其他费用

9. 对于施工形象进度正常的在建工程，其评估价值一般应以在建工程的（　　）为准。

A. 市场价格　　B. 账面价值

C. 重置成本　　D. 收益价格

10. 对于实际完成工作量较少的在建工程，适合的评估方法是（　　）。

A. 成本法　　B. 收益法

C. 工程形象进度法　　D. 市场法

二、多项选择题

1. 下列各项属于在建工程特点的有（　　）。

A. 所有权的相对确定性　　B. 合法性

C. 可变价性　　D. 可比性差

2. 下列各项属于按标志性工程进度进行分类的有（　　）。

A. 土方工程　　B. 设备安装工程

C. 给排水工程　　D. 农业建筑

3. 下列各项属于按工程完工情况进行分类的有（　　）。

A. 停工工程　　B. 室外工程

C. 竣工工程　　D. 施工工程

4. 引进技术和设备进口项目的其他费用包括（　　）。

A. 为引进技术和进口设备派出人员进行设计和联络、设备材料监检、培训等所发生的差旅费、置装费、生活费用等

B. 国外工程技术人员来华差旅费、生活费和接待费用等

C. 国内设计及技术资料费、专利和专有技术费、延期或分期付款利息

D. 引进设备检验及商检费

5. 建筑安装工程费用中的建筑工程费用包括（　　）。

A. 各类房屋建筑工程和列入房屋建筑工程预算的供水、供暖、卫生、通风、煤气等设备费用及其装饰、油饰工程的费用

B. 列入建筑工程预算的各种管道、电力、电信和敷设工程的费用

C. 设备基础、支柱、工作台、烟囱、水塔、水池、灰塔等建筑工程以及各种炉窑的砌筑工程和金属结构工程的费用

D. 为施工而进行的场地平整，工程和水文地质勘查，原有建筑物和障碍物的拆除以及施工临时用水、电、气、路和完工后的场地清理、环境绿化、美化等工作的费用

6. 建筑安装工程费用中的安装工程费用包括（　　）。

A. 生产、动力、起重、运输、传动和医疗、实验等各种需要安装的机械设备的装配费用

B. 与设备相连的工作台、梯子、栏杆等装饰工程费用

C. 附属于被安装设备的管线敷设工程费用

D. 为测定安装工程质量，对单台设备进行单机试运转、对系统设备进行系统联动无负荷试运转工作的调试费

7. 在建工程评估中，项目总投资中的建筑安装工程费用包括（　　）。

A. 分部分项工程费　　B. 措施项目费

C. 其他项目费　　D. 规费、税金

8. 在建工程评估中的，与未来生产经营有关的生产准备费的内容包括（　　）。

A. 生产人员培训费

B.生产单位提前进厂参加施工、设备安装、调试等以及熟悉工艺流程及设备性能等人员的工资、工资性补贴、职工福利费、差旅交通费、劳动保护费等

C.单机设备调试费

D.办公和生活家具购置费

9.在建工程评估中的基本预备费内容包括（ ）。

A.在批准的初步设计范围内，技术设计、施工图设计及施工过程中所增加的工程费用

B.设计变更、局部地基处理等增加的费用

C.一般自然灾害造成的损失和预防自然灾害所采取的措施费用

D.竣工验收时为鉴定工程质量对隐蔽工程进行必要的挖掘修复费用

10.下列各项关于在建工程特点的表述，正确的有（ ）。

A.种类繁多，涉及各类房地产类型，如不同用途、不同结构的厂房、仓库、普通住宅、高级住宅等

B.造价差异小，同种用途、同种结构的在建工程，由于其地基的差异等特殊原因，造成比正常情况房地产投资少

C.建设工期长短差别较大

D.形象进度与实际投资额较难一致

11.下列各项不可用于在建工程价值评估的方法有（ ）。

A.成本法 B.收益法 C.形象进度法 D.市场法

三、判断题

1.在建工程的承包人的法定抵押权优先于银行与抵押人的约定抵押权。 （ ）

2.在建工程投资可以完全体现在在建工程的形象进度上。 （ ）

3.同一阶段的在建工程，由于工程款支付方式的不同以及材料设备购置的早晚，在价值上也会形成差异。 （ ）

4.房屋在建工程，必须是经国家法定机关或有权部门在其职权范围内，依照法律规定的程序进行审批后取得相关批文的合法工程。 （ ）

5.建设单位经费包括应计入设备、材料预算价格的建设单位采购及保管设备材料所需的费用。 （ ）

6.不实行工程总承包的项目不计工程总承包费。 （ ）

7.桥梁工程的形象进度，需要将已完成的所有桥梁工程量折算成造价，与合同中桥梁工程总造价相除。 （ ）

8.住宅小区建筑工程形象进度一般可分为基础、结构、屋面、装修、竣工等。 （ ）

9.建设工期同工程造价、工程质量一起被视为建设项目管理的三大目标，是考核建设项目经济效益和社会效益的重要指标。 （ ）

10."五证一图一书"包括土地使用权证、建设用地规划许可证、建设工程规划许可证、建筑工程施工许可证、商品房预售许可证、建设项目总平面审批图、房地产开发

企业资质证书。（　　）

四、思考分析题

1. 请简要说明在建工程的特点和分类。

2. 请说明影响在建工程价值的因素有哪些？

3. 请说明在建工程评估中涉及的相关资料有哪些？

4. 请说明在建工程评估应进行的现场勘查有哪些内容？

5. 请说明在建工程的评估方法有哪些？

五、综合训练题

某建设企业将要建设框架结构仓库2 500平方米，建筑工程总预算造价为750 000元。评估基准日该仓库正在建设中，其中基础工程完成70%，结构工程完成30%，装饰工程尚未开始。又据有关资料数据得知，已完工程造价高于预算造价10%，施工单位的施工进度资料表明，该工程到目前为止已发生预算外费用25 000元，土建工程各部位占总预算比重见表6-11。

表6-11　土建工程各部位占总预算比重

部门名称	占总预算比重（%）
基础工程	15
结构工程	60
装饰工程	25

本次评估范围为某市的大楼在建工程——土建部分，账面值为67 000万元。其中，建安工程费65 000万元，前期费1 200万元，管理费800万元。在建工程已取得详细的规划许可证和施工许可证。大楼为钢结构，建筑面积20 000平方米（其中，地上18 000平方米），地上11层，地下1层，建筑高度50米。截至评估基准日，大楼项目土建工程已基本完工，现在室内装修中。

要求：请根据以上数据，计算在建工程评估值。

项目七

长期投资性资产评估

任务一　债券投资的评估

一、单项选择题

1. 下列各项投资风险最小、安全性较强的是（　　）。

A. 债券　　B. 上市普通股

C. 基金　　D. 上市优先股

2. 债券的市场价格，是（　　）的市场反映。

A. 投资风险　　B. 发行方信誉

C. 市场信心　　D. 收益现值

3. 上市交易的债券在用市场法评估时，按照评估基准日的（　　）确定评估值。

A. 开盘价　　B. 最高价

C. 收盘价　　D. 最低价

4. 上市交易债券一般采用（　　）进行评估。

A. 收益法　　B. 市场法

C. 成本法　　D. 资产基础法

5. 非上市交易债券一般采用（　　）进行评估。

A. 收益法　　B. 市场法

C. 成本法　　D. 资产基础法

6.（　　）的大小取决于债券发行主体的具体情况。

A. 无风险报酬率　　B. 定期存款利率

C. 风险报酬率　　D. 国债收益率

7. 被评估上市交易债券2020年发行，面值100元，年利率10%，3年期。2021年评估基准日时，债券市场上同期债券，面值100元的交易价为105元，该债券的评估值为（　　）元。

A.100　　B.105　　C.110　　D.115

8. 使用收益法评估某债券投资时，通过估算调查得知，债券票面利率为10%，一年期国债利率为5%，债券风险报酬率为3%，则折现率为（　　）。

A.10%　　B.13%　　C.15%　　D.8%

二、多项选择题

1. 债券投资的特点有（　　）。

A. 投资风险较小，安全性较强　　B. 到期还本付息，收益相对稳定

C. 高风险，高回报　　D. 具有较强的流动性

2. 根据债券付息方法，债券可分为（　　）。

A. 到期一次还本付息债券　　B. 分次还本、一次付息债券

C. 分次付息、一次还本债券　　　　　D. 仅还本金

3. 使用收益法评估债券投资价值时，折现率的计算需要估算（　　）。

A. 国债利率　　　　　B. 无风险利率

C. 风险报酬率　　　　D. 行业平均收益率

三、判断题

1. 国家对企业发行债券的限制较少。（　　）

2. 债券发行企业破产时，相对于权益投资者，债券投资者的受偿权比较靠后。（　　）

3. 使用市场法评估债券价值时应当在评估报告书中说明所用评估方法和结论与评估基准日的关系。（　　）

4. 债券利息率、计息期限、债券本金是评估专业人员根据评估时的实际情况分析确定的。（　　）

5. 如果债券发行企业经营业绩较好，有足够的还本付息能力，则风险报酬率较低。（　　）

四、思考分析题

1. 什么是债券投资，其特点有哪些？

2. 非上市交易债券根据债券付息方法，可分为几种？分别说明其利息计算方法。

五、综合训练题

1. 中青资产评估公司受托对B企业拥有的A公司债券进行评估，被评估债券面值100元，共持有1 000张，系A公司发行的5年期一次还本付息债券，年利率5%，复利计息，B企业已持有该项资产2年，评估基准日国债利率为4%。经评估专业人员分析调查，发行企业经营业绩尚好，财务状况稳健。3年后具有还本付息的能力，投资风险较低，取2%的风险报酬率。

要求：计算该项债券投资资产的价值。

2. 中青资产评估公司受托对B企业拥有的A公司债券进行评估，被评估债券面值

100元，共持有1 000张，系A公司发行的3年期按年付息一次还本债券，年利率5%，复利计息，B企业已持有该项资产2年，评估基准日国债利率为4%。经评估专业人员分析调查，发行企业经营业绩尚好，财务状况稳健。1年后具有还本付息的能力，投资风险较低，取2%的风险报酬率。

要求：计算该项债券投资资产的价值。

任务二　股票投资的评估

一、单项选择题

1.按照股票是否可以公开发行、在证券市场上是否可以自由交易，股票可以分为（　　）。

A.普通股和优先股　　B.有面值股票和无面值股票

C.上市交易股票和非上市交易股票　　D.记名股和不记名股

2.股票的内在价值是一种（　　）。

A.理论价值　　B.发行价值　　C.账面价值　　D.市场价值

3.当公司因经营不善或者其他原因被清算时，该公司的股票价值等于公司股票的（　　）。

A.理论价值　　B.清算价值　　C.账面价值　　D.市场价值

4.以控股为目的而长期持有上市公司的股票，一般可采用（　　）评估其内在价值。

A.成本法　　B.市场法　　C.收益法　　D.资产基础法

4.假设企业经营稳定，分配红利固定，并且今后也能保持固定水平，在这种假设下，普通股股票评估模型应该是（　　）。

A.固定红利型　　B.红利增长型　　C.分段型　　D.综合型

5.A公司持有B公司股票1 000股，已知B公司股票每股股利为2元，经评估专业人员了解分析，B公司经营业绩稳定，预测该公司今后分红保持不变，分析确定价值时点无风险利率为5%，风险报酬率为2%，则A公司持有B公司股票的投资价值为（　　）元。

A.28.57　　B.28 571　　C.40 000　　D.25 705

6.以企业剩余收益中用于再投资的比率与企业净资产利润率相乘，确定股利增长率的方法是（　　）。

A.趋势分析法　　B.统计分析法　　C.净资产比率法　　D.再投资估算法

7.下列估值模型中，更具有客观性且符合实际情况的是（　　）。

A.固定红利型　　B.红利增长型　　C.分段型　　D.以上均是

8.B公司的利润分配政策规定提取盈余公积和向投资者分配利润的比例分别为40%和60%，并以盈余公积的80%用于再投资，据测算B公司净资产利润率为10%，则预计

B公司发行的股票股利增长率为（　　）。

A.3.2%　　B.4.8%　　C.2.4%　　D.3.4%

9.在评估优先股价值时，采用的方法主要是（　　）。

A.成本法　　B.市场法　　C.收益法　　D.资产基础法

10.A公司持有B公司发行的优先股2 000股，每股面值100元，年股息率为10%，股息每年年终发放一次，经过市场调研，无风险利率使用一年期国债收益率3%，风险报酬率为2%，则该优先股评估值为（　　）万元。

A.400　　B.200　　C.20　　D.40

11.A公司持有B公司上市交易普通股20 000股，评估基准日该股票的收盘价为每股18.2元。则A公司所持B公司普通股的评估价值为（　　）元。

A.36 400　　B.18.2　　C.364 000　　D.182 000

二、多项选择题

1.股票的内在价值主要取决于（　　）。

A.公司的财务状况　　B.公司的管理水平

C.公司的发展潜力　　D.公司可能面临的风险

2.在评估非上市交易普通股时需要调查了解的信息包括（　　）。

A.被评估公司历史上的利润水平

B.公司的发展前景和其所处行业的前景

C.公司管理人员素质和创新能力

D.公司股利分配政策

3.股利增长率的计算方法包括（　　）。

A.模拟估算法　　B.资本资产定价模型

C.统计分析法　　D.趋势分析法

三、判断题

1.在对股票价值进行评估时，调查股票的票面价格、账面价值是非常重要的。（　　）

2.股票的市场价格一定能够代表其内在价格。（　　）

3.在评估成长型企业的股票时，一定要使用红利增长型模型计算。（　　）

4.优先股是一种特殊的债券。（　　）

四、思考分析题

1.说明股票投资的特点及分类。

2.说明非上市交易股票的种类及评估思路。

五、综合训练题

1.A公司持有B公司上市交易普通股20 000股，每股面值50元。根据B公司各种公开数据和资料可以看出该公司管理良好，经营稳健，各财务指标健康。据预测，该股票今后5年每股股利依次为13元、14元、11元、12元、15元。预计5年后公司进入稳定期，每股股利保持在15元。评估基准日，一年期国库券利率为5%，由于该公司经营稳健，且市场前景较好，风险报酬率按2%计算。

要求：计算A公司所持B公司上市交易普通股的评估值。

2.A公司持有B公司非上市交易普通股20 000股，每股面值100元。根据B公司历年分红数据和当年的资料预测，该股票当年每股收益率为12%，B公司属于积极发展型公司，每年都将利润的一部分用于新增投资，产品市场前景看好，市场占有率逐步提高。预计B公司再投资率为20%，净资产利润率今后可保持在16%左右。评估基准日，一年期国库券利率为5%，风险报酬率按2%计算。

要求：计算A公司所持B公司非上市交易普通股的评估值。

任务三　长期股权投资的评估

一、单项选择题

1.长期股权评估时，对被投资企业的前提假设是（　　）。

A.破产清算　　B.持续经营　　C.企业并购　　D.新股发行

2.在进行长期股权评估时，如果被投资企业处于亏损状态，下列表述正确的是（　　）。

A.不能使用收益法进行评估

B.使用收益法时应分析企业亏损的原因

C.只能使用成本法

D.使用成本法评估时无须考虑企业亏损的原因

3.下列各项不属于具有控制权股权评估特点的是（　　）。

A.评估程序及评估方法不受限制

B.关注资产权属资料完善情况

C.可能存在控制权溢价因素

D.需要关注股票市场价格

4.下列各项不属于对资产、负债进行清查常用手段的是（　　）。

A.获取资料　　B.询问　　C.函证　　D.清点

5.在使用资产基础法和收益法对长期股权投资进行评估时，如果收益法评估的结论高于资产基础法，可能的问题是（　　）。

A.企业的收益额预测过低　　B.企业存在经济性贬值

C.未考虑无形资产的价值　　D.该公司可能是一家重资产类型的公司

6.设立时间较短的非控股长期股权投资，通常可用（　　）来进行评估。

A.被投资企业资产负债表　　B.被投资企业账面净资产

C.被投资企业财务报表　　D.被投资企业账面投资成本

二、多项选择题

1.股权投资的评估对象包括（　　）。

A.具有控制权的股权　　B.股票投资

C.企业价值　　D.缺乏控制权的股权

2.下列各项属于对具有控制权股权进行评估的程序有（　　）。

A.明确评估范围，核实投资（并购）协议、账面记录

B.核对持股比例

C.选择评估方法，编制评估计划

D.确定（计算）股权评估值

3.在对股权投资进行清查核实时，通常采用的方法有（　　）。

A.逐个清点　　B.随机抽查　　C.核对账目　　D.重点抽查

4.在资产的清查核实时如果发现问题，应将问题首先反馈给（　　）。

A.企业总经理　　B.企业会计负责人

C.审计师　　D.评估项目负责人

5.在使用市场法评估长期股权投资时，应当关注的问题有（　　）。

A.流动性对待评估资产价值的影响

B.可比案例与评估对象的实际相似性、会计政策及税收差异、二手数据的可靠性等

C.对非经营性、溢余资产负债的判断

D.价值比率的选取

三、判断题

1.股权投资通常是短期持有，以期获得资本收益。（　　）

2.在对长期股权投资进行评估时，不需要关注表外的资产与负债。（　　）

3.在对股权投资进行清查时，无须关注母子公司的账务情况。（　　）

4.尽职调查的访谈对象仅包括管理人员。（　　）

5.如果一家企业的生产力要素配置不够合理，尽管其拥有优质的资产，但也未必能取得相应的收益。（　　）

6. 在评估缺乏控制权的股权投资时，评估程序的实施及评估方法的选择均具有局限性。（　）

四、思考分析题

1. 长期股权投资评估的特点是什么？如何理解这些特点？

2. 对股权评估可能产生影响的特殊情形有哪些？它们是如何影响评估活动的？

3. 在对缺乏控制权的股权投资进行评估时，采用单独评估和非单独评估方式会产生哪些影响？这些影响产生的原因是什么？

五、综合训练题

1. 某企业拥有非上市公司普通股股票10万股，每股面值1元，每年4月底进行现金分红，2021年4月30日已获得红利1.2万元。评估基准日为2021年5月1日，预计未来每年红利增长2%，假定折现率为8%。

要求：估算该股票价值。

2. 某资产评估公司受托对D企业进行资产评估。D企业拥有的某非上市公司的普通股股票20万股，每股面值1元，在持有期间，每年股票收益率在12%左右。据调查，股票发行公司每年以净利润的40%作为留存收益，股票发行企业至少可保持3%的发展速度，净资产收益率保持在13%的水平上，无风险报酬率为4%，风险报酬率为4%。

要求：估算该股票的价值。

项目八

无形资产评估

任务一　无形资产评估认知

一、单项选择题

1. 根据《资产评估执业准则——无形资产》（2017年修订）中有关无形资产的定义，下列各项正确的是（　　）。

A. 特定主体拥有或者控制的，不具有实物形态，能持续发挥作用并且能带来经济利益的资源

B. 特定主体拥有或者控制的，不具有实物形态，对生产经营长期发挥作用且能带来经济利益的资源

C. 一种能通过经济属性来证明其自身价值的非货币性资产。不具有实物形态，但能为所有者带来经济利益

D. 特定主体控制的不具有独立实体，而对生产经营长期发挥作用并带来经济利益的一切经济资源

2. 无形资产已经成为企业间竞争的重要技术支撑，下列各项属于无形资产形式特征的是（　　）。

A. 效益性　　B. 替代性　　C. 积累性　　D. 共益性

3. 无形资产作为一类专门的资产形式，有其自身的特征，具体体现为无形资产的形式特征和无形资产的功能特征。下列各项关于无形资产功能特征的表述，正确的是（　　）。

A. 由于无形资产的特殊的非实体性，其并不是直接生产出来的，而是动态发展演变形成的

B. 无形资产的非实体性意味着无形资产可以脱离实物产生作用

C. 无形资产是特定主体所拥有或控制的，因此无形资产无论何时只能由同一个主体使用

D. 无形资产的替代性意味着无形资产的未来价值是不稳定的，随时有可能被替代，因此，无法对无形资产的未来收益进行预估

4. 下列各项属于不可辨认无形资产的是（　　）。

A. 商标权　　B. 著作权　　C. 专利权　　D. 商誉

5. 甲公司是一家知名的IT企业，主要业务为硬件生产和IT服务。2002年，该公司敏锐地发现在互联网快速发展的背景下，电子商务会有很好的前景，决定进行业务全面转型，出售硬件业务，变身为电子商务整体解决方案提供商。该公司根据宏观分析中的（　　）因素作出这个决策。

A. 政治-法律因素　　B. 产业因素　　C. 技术因素　　D. 经济因素

6. 无形资产评估程序包括：①确定评估方法；②确认无形资产；③明确评估目的；④编写评估报告，做出评估结论；⑤收集相关资料。其正确的排序是（　　）。

A.①—②—③—④—⑤　　B.⑤—③—①—②—④
C.③—②—⑤—①—④　　D.②—③—⑤—①—④

二、多项选择题

1.按照是否可以辨认的标准分类，下列各项属于可辨认无形资产的有（　　）。
A.商誉　　B.专利资产　　C.非注册商标　　D.著作权资产

2.下列各项无形资产有专门法律保护的有（　　）。
A.商誉　　B.计算机软件　　C.商标权资产　　D.非专利技术

3.下列各项关于可辨认无形资产和不可辨认无形资产的表述，正确的有（　　）。
A.因为不同的无形资产具有不同的附着性，所以无形资产可进一步分为可辨认无形资产和不可辨认无形资产
B.对于不可辨认无形资产，其一旦脱离依附对象便失去了使用价值，此时应以当前使用所产生的超额收益为基础进行评估
C.对于可辨认无形资产，评估时可适当考虑其更大范围内的使用价值
D.商标及通用性较强的技术型无形资产等可辨认无形资产，其创造的超额收益一定等于组合收益中目前该无形资产的贡献程度

4.下列各项关于无形资产评估的表述，错误的有（　　）。
A.无形资产评估必须基于无形资产的所有属性
B.基于特定时点才能对无形资产的价值进行评估，没有确定基准日的评估将没有任何意义
C.无形资产评估与有形资产评估存在市场性、公正性、专业性、咨询性等共性，说明有形资产的评估方法都可以对无形资产使用
D.无形资产评估具有独有的特征，说明有形资产的评估方法都不适用于无形资产

5.与有形资产相比，无形资产评估独有的特征有（　　）。
A.复杂性、动态性和预测性
B.需结合无形资产的载体和作用空间进行评估
C.需结合无形资产所属行业性质进行评估
D.需结合无形资产的法律保护状况进行评估

6.下列各项关于影响无形资产价值评估因素的表述，正确的有（　　）。
A.传播面越大，其价值也就越小
B.在社会、环境、制度允许的条件下，获利能力越强，其评估值越高
C.更新换代越快，无形损耗越大，其评估值越低
D.适用范围越广，适用程度越高，需求量越大，其评估值就越高

7.在明确无形资产评估对象后，评估专业人员还需要进一步了解评估对象特征，下列各项表述正确的有（　　）。
A.确认无形资产的存在　　B.确认无形资产的种类
C.确认无形资产的有效期限　　D.确认无形资产未来经济利益

8.在无形资产评估过程中，可以用来证明无形资产权利存在的具体法律文书包

括（　　）。

A. 专利证书　　B. 商标注册证书

C. 营业执照　　D. 著作权证书

9. 在无形资产分析中，外部信息在帮助评估专业人员进行无形资产收益预测、经济寿命期限确定、未来风险判断等方面都具有重要参考价值。这里指的外部信息包括（　　）。

A. 宏观经济资料

B. 无形资产相关外部监督、法律法规资料

C. 行业状况及发展前景资料

D. 无形资产所属领域发展水平、市场交易、替代无形资产及竞争对手相关资料

10. 下列各项属于无形资产评估方法选择应考虑的主要因素的有（　　）。

A. 评估方法选择与评估要素相一致

B. 评估方法的选择应当与资料收集情况相适应

C. 评估方法选择需要综合分析三种基本方法的适用性

D. 评估方法选择应与计算公式相一致

三、判断题

1. 无形资产按其是否受法律保护可分为法定无形资产和无法律保护无形资产。（　　）

2. 无形资产虽具有排他性特征，但排他性一般体现在排他性地占有，而无须排他性地使用。（　　）

3. 一项先进的技术替代另一项技术，一种工艺替代另一种工艺等，其特性是共存或积累，反映了无形资产的积累特性。（　　）

4. 确认无形资产的存在，主要是验证无形资产的来源是否合法，产权是否明确，经济行为是否合法有效。（　　）

5. 在无形资产评估中，法律因素、风险因素对无形资产价值不会产生影响。（　　）

6. 资产评估程序是规范无形资产评估行为，提高评估业务质量的重要保证。（　　）

7. 在无形资产评估中，为了使收集的资料避免信息不对称，要从所有者内部和外部两方面入手收集。（　　）

8. 无形资产评估方法的选择会受到许多因素的影响，其中，评估目的、评估对象、价值类型是重要的影响因素。（　　）

四、思考分析题

1. 什么是可辨认无形资产和不可辨认无形资产？

2. 无形资产评估具有哪些特征？

3. 简述影响无形资产评估价值的因素。

4. 说明无形资产评估方法选择思路。

任务二　收益法在无形资产评估中的应用

一、单项选择题

1. 对无形资产价值进行评估时，下列各项表述正确的是（　　）。

A. 收益法是唯一的方法　　B. 收益法、市场法、成本法都适用

C. 只能采用收益法和市场法　　D. 只能采用收益法和成本法

2. 无形资产增量收益测算中，下列各项属于收入增长型表现形式的是（　　）。

A. 其他条件不变，单价降低　　B. 其他条件不变，销量提高

C. 其他条件不变，单位成本降低　　D. 其他条件不变，生产量提高

3. 甲公司生产某项产品，单位成本为10元，产品的月销售量平均为10 000台。为在竞争中处于优势，该企业本月引进了一项新专利技术，使用后产品的单位成本降低至8元，假设月销售量不变，则该项专利技术带来的增量收益为（　　）元。

A.80 000　　B.20 000　　C.10 000　　D.15 000

4. 下列各项无形资产分成率的公式，正确的是（　　）。

A. 销售收入分成率=销售利润分成率÷销售利润率

B. 销售利润分成率=销售收入分成率×销售利润率

C. 销售利润分成率=销售收入分成率÷销售利润率

D. 销售收入分成率=1-销售利润分成率

5. 采用分成率法测算无形资产收益分成时，最重要的一个步骤是（　　）。

A. 确定总收益额　　B. 确定无形资产收益额

C. 确定分成率　　D. 确定折现率

6.甲企业以一项先进的技术向乙企业投资，该技术的重置成本为200万元，乙企业拟投入的资产重置成本为4 000万元，甲企业无形资产成本利润率为500%，乙企业拟合作的资产原利润率为25%，则无形资产投资的分成率为（　　）。

A.12.5%　　B.19.35%　　C.15%　　D.18.75%

7.假如在国际市场上一般技术转让费不超过销售收入的1%至10%，如果按社会平均销售利润率10%推算，当技术转让费为销售收入的3%时，则利润分成率为（　　）。

A.20%　　B.25%　　C.30%　　D.35%

8.下列各项关于无形资产评估折现率的表述，正确的是（　　）。

A.无形资产由于灵活性小、变通利用能力差，通常被认为是企业经营中风险最高的部分

B.折现率的常用测算方法包括风险总和法和回报率拆分法

C.无形资产评估中的折现率一般不高于有形资产评估中的折现率

D.无形资产评估中的折现率即为企业价值评估中的折现率

9.评估对象为某企业的无形资产，预计该无形资产在评估基准日后未来每年的收益维持在120万元的水平，并在第5年末出售该无形资产，经专家分析认为，该无形资产在第5年末的预期出售价格约为200万元，假定折现率为10%，该无形资产的评估值最接近（　　）万元。

A.455　　B.580　　C.655　　D.1 324

10.法律或合同、企业申请书中分别规定法定有效期限和收益期限的，按（　　）确定无形资产有效期。

A.法定有效期限　　B.收益期限

C.预计收益期限　　D.法定有效期限与收益期限孰短

11.某发明专利预期使用10年，已经使用4年，法律保护期还剩下5年，由于该领域技术的发展，预计该技术还可以领先2年，则评估时评估师应该确定该专利技术的收益年限为（　　）。

A.6年　　B.5年　　C.2年　　D.10年

12.在无形资产评估中，对法律和合同同时分别规定无形资产的有效期限和收益期限的，但时间长短不同，（　　）来确定期限。

A.依据法律规定　　B.依据合同规定

C.按两者孰短原则　　D.按两者孰长原则

二、多项选择题

1.无形资产评估时，在收益法评估应用的各项技术经济指标的确定中，包括（　　）。

A.无形资产有效期限的确定　　B.无形资产折现率的确定

C.无形资产收益额的确定　　D.无形资产成本的确定

2.下列各项属于无形资产使用过程中节约成本的途径的有（　　）。

A.提高产品质量　　B.减少或消除环境污染

C.降低管理费用　　　　　　　　　　D.提高经营效率

3.确定目标无形资产在总收益中的收益分成时，分成率确定是最为重要的一个步骤，下列因素是评估专业人员需要考虑的有（　　）。

A.被评估无形资产所在企业的行业状况

B.被评估无形资产所在企业其他资产为创造收益所做贡献的相对重要性分析

C.市场上相同或类似无形资产转让协议中已知的分成情况

D.被评估无形资产所在企业的经营类型

4.我国理论界所说的“三分法”，即经营活动中的三大要素，包括（　　）。

A.资金　　　　B.经济环境　　　　C.技术　　　　D.管理

5.无形资产评估中无风险报酬率高低主要受（　　）因素的影响。

A.平均利润率　　B.资金供求关系　　C.政府调节　　　D.银行存款利率

6.下列各项表述正确的有（　　）。

A.法律或合同、企业申请书中分别规定法定有效期限和收益年限的，可按照法定有效期限与收益年限孰短的原则确定

B.法律未规定有效期限，企业合同或申请书中规定收益年限的，可按照规定的收益年限确定

C.法律、企业合同或企业申请书中均未规定有效期限和收益年限的，可按照预计收益年限确定

D.法律、企业合同或企业申请书中均未规定有效期限和收益年限的，无法确定收益年限

7.无形资产并不存在实体，因此无形资产并不存在有形损耗，影响无形资产有效期的因素与实物资产也不相同。下列各项关于无形资产有效描述，正确的有（　　）。

A.由于无形资产的替代性的存在，新的、更为先进的、更经济的无形资产随时可能会出现，新的更具有优势的无形资产会使旧无形资产失去价值，无法获得超额收益

B.无形资产传播面越大，越多人拥有，产生的超额收益就越大，它的价值也越大

C.当企业不再对某项无形资产的产出存在需求时，这种无形资产价值就会减少，甚至完全丧失价值

D.无论通过何种方式计算无形资产有效期限，无形资产具有获得超额收益能力的时间才是真正的无形资产有效期限

三、判断题

1.直接估算法主要用于评估两种形式无形资产的价值；第一种是使用无形资产可以产生额外的利润或现金流量，即增加收入；第二种是使用无形资产可以带来成本的节省，即节省成本。（　　）

2.通过未使用无形资产与使用无形资产的前后收益情况对比分析，确定无形资产带来的收益额，并对收益额进行折现来求取无形资产价值的方法是差额法。（　　）

3.经验数据法中的“三分（33%）”和“四分（25%）”都是基于利润计算的分成

率。实务中不可以通过计算转换为收入分成率。　　（　　）

4. 在资产评估实践中，通常依据法律或合同、企业申请书的规定确定无形资产的有效期限。　　（　　）

5. 当无形资产的获利期限短于其法定保护期限时，评估时应以法定保护期限作为无形资产的剩余寿命期。　　（　　）

6. 无形资产受许多因素的影响，如科学技术进步等，经济寿命缩短，收益期限可能比其法定有效期限短。　　（　　）

7. 无形资产的损耗价值量是确定无形资产有效期限的前提。无形资产的无形损耗将直接影响无形资产的剩余使用价值。　　（　　）

四、思考分析题

1. 采用收益法评估无形资产价值时，无形资产收益额的确定可采用哪些方法？

2. 说明无形资产预期收益类型、预期收益确定方法。

3. 无形资产评估中如果采用分成率法，则分成率的确定是最为重要的一个步骤，在选择分成率时，评估专业人员应该考虑哪些因素？

五、综合训练题

1. 甲企业拥有某产品的专利技术使用权，该专利技术产品市场售价为1 000元/台，比普通同类产品售价高出100元/台。预计甲企业的年生产能力为10 000台，每台可以获得增量利润80元。预计甲企业利用该专利技术使用权持续获取增量利润的时间是10年，折现率为10%。

要求：计算该专利技术使用权的价值。

2. 甲公司拥有一项专利技术（W技术），该技术应用于A产品的生产。拟对该技术进行评估，采用直接估算法确定其收益额，假设有如下三种情形：（1）甲企业的A产品在使用W技术前后的单位销售价格和单位成本不变，使用W技术后A产品的销售量为100 000件，未使用W技术时A产品的销售量为60 000件。A产品销售价格为8元/件，成本为3元/件。（2）甲企业的A产品在使用W技术前后的销售量和单位成本不变，使用W技术后A产品的销售价格为11.5元/件，未使用W技术时A产品的销售价格为8元/件。A产品的销售量为60 000件，成本为3元/件。（3）甲企业的A产品在使用W技术前后的销售量和销售价格不变，使用W技术后A产品的单位成本为0.5元，未使用W技术时A产品的单位成本为3元。A产品的销售量为60 000件，销售价格为8元/件。

经测算，前5年保持目前的增量收益水平，后5年每年可获取的增量收益为8万元。假设根据企业的资金成本及相应的风险报酬率，确定其折现率为10%。

要求：

（1）采用直接估算法分别计算确定上述三种情形下无形资产的增量收益额；

（2）假设无形资产的增量收益额用三种情形下的平均值表示，计算W技术的价值；

（3）请简述增量收益法的适用情形。

任务三　成本法在无形资产评估中的应用

一、单项选择题

1. 下列关于无形资产成本法的公式，不正确的是（　　）。

A. 被评估资产的评估值=重置成本-实体性贬值-功能性贬值-经济性贬值

B. 重置成本=直接成本+间接成本+资金成本+合理利润

C. 无形资产直接成本=∑(物质资料现行消耗量×现行价格）+∑(实耗工时×现行费用标准)

D. 重置成本=无形资产账面历史成本×评估基准日物价指数/购建时物价指数

2. 无形资产的创建经历基础研究、应用研究和工艺生产开发等漫长过程，成果的出现带有较大的随机性、偶然性和关联性。由此造成无形资产成本具有（　　）特征。

A. 不完整性　　B. 虚拟性　　C. 弱对应性　　D. 象征性

3. 下列各项成本构成项目中，采用重置核算法测算自创无形资产重置成本时通常不考虑的是（　　）。

A. 间接成本　　B. 账面成本　　C. 资金成本　　D. 合理利润

4. 下列各项关于无形资产的贬值的表述，错误的是（　　）。

A. 采用成本法评估一些特定的无形资产时可能不需要考虑贬值因素

B. 市场需求的变化可能使无形资产发生经济性贬值

C. 技术的改进可能使无形资产发生功能性贬值

D.无形资产依附的载体的磨损会使无形资产发生实体性贬值

5.新技术的出现造成了无形资产利用效率的明显下降，无形资产出现了（ ）。

A.功能性贬值 B.经济性贬值 C.实体性贬值 D.经济性溢价

6.下列各项属于无形资产经济性贬值的是（ ）。

A.产品在市场上广受好评，对其商标价值进行评估

B.国家相关政策出台，导致无形资产的市场需求变小

C.专利技术预计节约成本50%，但经验证废品率过高、实际节约成本只有10%

D.出现新的更为先进的技术工艺，可以缩减成本30%

7.某企业2015年购置的一项无形资产账面价值100万元，2020年进行评估，试按物价指数法估算其重置成本。根据资料，该无形资产至评估基准日生产资料物价指数上涨10%，生活资料物价指数上涨15%（其账面价值100万元中，物化劳动费用40万元，人工消耗费用60万元），该无形资产的重置成本为（ ）万元。

A.113 B.110 C.115 D.0

8.甲企业研制出一种含锌矿泉粉材料，研制过程中共消耗物料及其他费用50万元，人员开支20万元。评估人员通过分析测算，确定科研人员创造性劳动倍加系数为1.5，科研平均风险系数为0.2，该无形资产投资报酬率为30%，采用倍加系数法估算其重置成本为（ ）万元。

A.70 B.91 C.120 D.130

二、多项选择题

1.无形资产可以采用成本法进行评估，下列各项属于无形资产成本特征的有（ ）。

A.不完整性 B.虚拟性 C.弱对应性 D.累加性

2.运用成本法评估无形资产时，其中无形资产的贬值包含了（ ）等因素。

A.实体性贬值 B.功能性贬值 C.经济性贬值 D.技术性贬值

3.下列各项会造成无形资产贬值的有（ ）。

A.新的替代产品出现

B.传播面逐渐扩大，社会普遍接受和掌握

C.出现新的、更为先进的替代型无形资产

D.生产的产品成本下降

4.下列各项属于无形资产经济性贬值的有（ ）。

A.出现新的更为先进的技术工艺，可以缩减成本30%

B.专利被广泛传播应用

C.国家相关政策出台，导致无形资产的市场需求变小

D.专利技术预计节约成本50%，但经验证废品率过高，实际节约成本只有20%

5.采用成本法评估自创无形资产，测算其重置成本可以采用的方法有（ ）。

A.重置核算法 B.倍加系数法 C.市价类比法 D.物价指数法

6.采用成本法评估外购无形资产，测算其重置成本可以采用的方法有（ ）。

A.重置核算法　　B.倍加系数法　　C.市价类比法　　D.物价指数法

7.外购无形资产重置成本计算采用物价指数法中的物价指数一般不采用（　　）。

A.消费者价格指数　　B.被评估无形资产的个别物价指数

C.固定资产投资价格指数　　D.综合物价指数

8.下列关于无形资产贬值率测算的表述，不正确的有（　　）。

A.可以采用专家鉴定法，邀请有关专家对无形资产的先进性、适用性做出判断

B.预测剩余经济寿命时，剩余使用年限与无形资产的剩余使用寿命相同

C.贬值率是无形资产已使用年限占剩余使用年限的百分比

D.无形资产贬值率测算只需考虑被评估资产本身

9.下列各项关于无形资产评估成本法应用的表述，正确的有（　　）。

A.无形资产的贬值率可以采用专家鉴定法或剩余经济寿命预测法进行测算

B.自创无形资产重置成本的估算一般可以采用核算法和倍加系数法

C.外购无形资产重置成本的估算一般可以采用市价类比法和物价指数法

D.无形资产的贬值表现为功能性贬值和经济性贬值，没有实体性贬值

10.成本法也是无形资产评估的基本方法之一。应用成本法进行无形资产评估必须具备的基本条件有（　　）。

A.无形资产评估对象具有可替代性　　B.重置该无形资产技术上可行

C.重置该无形资产法律上许可　　D.具备可利用的历史资料

三、判断题

1.自创无形资产的重置成本是根据无形资产生产过程中所消耗的费用测算的。（　　）

2.外购无形资产的重置成本是根据购买的相关费用测算的。（　　）

3.无形资产直接成本按现行消耗量计算而不按实际消耗量计算。（　　）

4.物价指数法测算的无形资产重置成本，只考虑了价格变动因素，对于更新速度比较快的无形资产采用物价指数法测算的重置成本往往会偏高一些。（　　）

5.无形资产只存在无形损耗，不存在有形损耗。（　　）

6.无形资产的无形损耗与其存在和实际使用无关。（　　）

7.在应用成本法测算无形资产价值时，无形资产贬值率的计算应该考虑实体性损耗。（　　）

四、思考分析题

1.无形资产重置成本的确定可采用哪些方法？应注意哪些问题？

2.物价指数法是否适用于无形资产重置成本的估算？说明运用时注意的事项。

五、综合训练题

1.A公司由于经营管理不善，企业经济效益不佳，亏损严重，将要被同行的B公司兼并，现在需要对A公司资产进行评估，该公司有一项专利技术（属于实用新型），3年前自行研制开发并获得专利证书，法律保护期限为10年。在该项技术的研制过程中消耗材料15万元，动力消耗20万元，支付科研人员工资30万元。评估专业人员经过市场调查论证，确定科研人员创造性劳动倍加系数为1.2，科研的平均风险系数为0.4，该项无形资产投资报酬率为20%，行业基准收益率为30%，根据专家鉴定分析和预测，该项专利技术的剩余使用期限仅为5年。

要求：

（1）请采用倍加系数法估算该项无形资产的重置成本，并说明重置成本的构成要素；

（2）说明估算自创无形资产重置成本有哪些方法，并简要说明和列出计算公式；

（3）评估该项专利技术价值。

2.甲企业被乙企业兼并，需要对甲企业自创的一套工艺流程方法专利权进行评估。有关资料如下：该工艺方法已使用3年，专家鉴定该项技术的剩余使用年限为6年。研制时发生原材料费40 000元，辅助材料费10 000元，燃料动力费8 000元；有关人员工资和津贴14 000元，专用设备费9 000元，差旅费1 000元，管理费2 000元，占用固定资产的折旧费30 000元，人员培训费和资料费等5 000元，专利申请费2 000元。近3年生产资料价格指数分别上涨5%、4%、7%。

要求：

（1）简要说明适用于无形资产评估的基本方法有哪些，无形资产成本的特征有哪些；

（2）简述在使用成本法评估无形资产时，应注意的问题；

（3）计算该工艺流程方法专利权的重置成本；

（4）计算该工艺流程方法专利权的评估值。

任务四　专利资产评估

一、单项选择题

1.下列各项中，（　　）是指由国家专利局或代表几个国家的地区机构认定，根据法律批准授予专利所有人在一定期限内对其发明创造享有的独占使用权、转让权、许可权等权利。

A.专利资产　　B.专利　　C.资产　　D.评估

2.下列各项中，（　　）是一种法定的垄断权，其他企业及个人未经专利权人的许可，不能使用该专利技术，这是该专利获得超额经济收益的保证，专利权人因此享有相应的垄断收益权。

A.许可权　　B.标示权　　C.转让权　　D.专利权

3.专利技术成为资产的前提是（　　）。

A.有必要的成本耗费　　B.能够为特定主体带来经济利益

C.受法律保护　　D.能够用货币计量

4.我国《专利法》对三种专利的保护期限都有明确的规定，发明专利的法律保护期限为（　　）年。

A.10　　B.15　　C.20　　D.30

5.我国专利法是专门针对专利保护的法律，下列各项属于专利资产法律特征的是（　　）。

A.专利资产的不稳定性　　B.专利资产的公开性

C.专利资产的不完整性　　D.专利资产的地域性

6.专利资产评估业务的评估对象是（　　）。

A.专利资产权益　　B.许可使用权

C.商标权　　D.知识产权

7.（　　）是在双方合同规定的时间和地域范围内，专利权人只把专利技术转让给某一特定受让方，受让方不得再转让，转让方也不得在合同规定范围内使用和销售该专利技术生产的产品。

A.独占使用权　　B.排他使用权　　C.一般使用权　　D.回馈使用权

8.（　　）是指转让方在合同规定的时间和地域范围内只把技术授予受让方使用，同时转让方自己保留使用权和该专利产品销售权，但不再将该技术转让给其他人使用。

A.排他使用权　　B.独占使用权　　C.一般使用权　　D.强制许可使用权

9.对于评估专业人员而言，在对专利资产进行评估的过程中，应当首先判断委估对象权利的（　　）。

A.有效性　　B.创造性　　C.实用性　　D.新颖性

10.下列各项不属于专利权属资料的是（　　）。

A.专利证书　　B.专利说明书

C.专利登记簿副本　　D.专利维持费缴费凭证

11.对于处于研制小试阶段，技术研制仍未完成，但可预见其技术能取得成功，未来市场参数、财务数据、投资参数具有较大的不确定性的无形资产，应该采用（　　）进行评估。

A.成本法　　B.市场法　　C.收益法　　D.以上均可

12.某企业生产A型号玩具，单位成本为5元，产品的月销售量平均为60 000件。

为在竞争中处于优势，该企业本月引进了一项新专利技术，使用后产品的单位成本降低了30%，假设月销售量不变，税率为25%，则该项专利技术带来的超额收益为（　　）元。

A.32 500　　B.67 500　　C.90 000　　D.157 500

13. 某企业5年前获得一项专利，法定寿命为10年，现对其价值进行评估，经专家估算，至评估基准日，其重置成本为120万元，尚可使用3年，则该项专利的评估值为（　　）万元。

A.45　　B.50　　C.60　　D.72

14. 评估对象为一项外观设计专利，经评估人员分析，预计评估基准日后实施该专利可使产品每年的销售量由过去的5万台上升到10万台。假定售价和成本均与实施专利前相同，分别为500元/台和450元/台，收益期为3年，折现率为10%，企业所得税税率为25%，不考虑流转税等其他因素，则该外观设计专利的评估值最接近（　　）万元。

A.250.00　　B.466.29　　C.621.72　　D.833.10

二、多项选择题

1. 根据《中华人民共和国专利法》的规定，专利可分为（　　）。

A. 发明专利　　B. 实用新型专利

C. 外观设计专利　　D. 技术专利

2. 符合专利法的实质性要求的实用新型专利应该具备的“三性”有（　　）。

A. 新颖性　　B. 实用性　　C. 独立性　　D. 创造性

3. 专利成为专利资产所需要满足的要素有（　　）。

A. 专利资产能持续发挥作用

B. 专利资产能带来经济利益

C. 专利资产获利能力受法律保护

D. 专利资产获利能力不受法律保护

4. 下列各项属于专利资产特征的有（　　）。

A. 法律性　　B. 复杂性

C. 收益的不稳定性　　D. 地域性

5. 专利权是依《中华人民共和国专利法》而界定的权利，下列各项属于专利资产的法律特征的有（　　）。

A. 时效性　　B. 地域性　　C. 技术性　　D. 收益不稳定性

6. 技术资产与有形资产相比，其收益能力的确定具有一定的难度，这种难度主要体现为技术资产在应用过程中存在的风险，包括（　　）。

A. 技术风险　　B. 市场风险　　C. 资金风险　　D. 管理风险

7. 下列各项关于专利资产评估的表述，正确的有（　　）。

A. 专利资产的法律特征为时效性、地域性和技术公开性

B. 专利资产的价值取决于专利资产的预期收益

C. 专利资产的技术可能存在着不完整性

D.专利资产获利能力受法律保护

8.在专利资产评估中，需要明确的专利资产基本状况的内容主要有（　　）。

A.专利种类、名称、专利申请号或专利号

B.单项专利或专利资产组合

C.专利申请日和专利授权日

D.专利资产的权利形式

9.下列各项属于专利资产评估业务评估对象的确认事项的有（　　）。

A.明确专利资产的基本状况　　B.核实专利权的有效性

C.明确评估方法　　D.制订评估计划

10.在专利资产评估中，对专利的确认要明确专利资产的法律状态，下列各项属于专利权法律状态的有（　　）。

A.申请专利的权利　　B.专利权的无效宣告、终止与恢复

C.专利权的对外许可　　D.专利申请权和专利权

11.对专利技术有效性的判断包括（　　）。

A.核实该专利是否为有效专利，著录项目是否属实

B.核实该专利是否可以获利

C.核实该专利是否具有专利性

D.核实该专利是否具有新颖性、创造性和实用性

12.下列各项属于专利资产权利形式的有（　　）。

A.所有权　　B.许可使用权　　C.专利号　　D.专利名称

13.根据我国专利法的相关规定，专利的许可使用权可以分为授权许可和强制许可，其中授权许可包括（　　）。

A.独占许可使用权　　B.排他许可使用权

C.一般许可使用权　　D.特殊许可使用权

14.专利资产的确认除核实专利证书外，还应核查（　　）。

A.专利申请人资格　　B.确权证明

C.受理通知书　　D.专利年费的缴纳情况

15.下列各项关于专利权价值的表述，正确的有（　　）。

A.前景越好，专利的价值越高　　B.稳定性越高，专利的价值越高

C.创新性越高，专利的价值越高　　D.实施成本越高，专利的价值越高

16.下列各项关于专利资产的表述，正确的有（　　）。

A.专利资产的所有权可以用于出资

B.专利资产的使用权可以用于出资

C.专利资产的所有权可以用于质押

D.正在许可他人实施的专利资产的收益权可以用于质押

三、判断题

1.专利资产一定是已经经过法定程序审查批准并在专利权保护有效期内的一项专

利权。（　）

2.评估人员在进行具体项目评估时，判断一项专利是否构成一项无形资产应从该专利是否在有效保护期内、在拟受让方所在区域内是否受保护、是否按时缴纳了专利费用、所有技术是否公开、是否具有获利能力等五个方面进行考虑。（　）

3.专利资产评估业务的评估对象是指专利资产权益。（　）

4.专利权的时效性、地域性和约束性等特征，以及在持有期内的质押、保全和解除不会对相应专利资产的价值产生影响。（　）

5.一般而言，资产评估人员对专利资产价值的评估仅涉及专利资产的经济价值，不应该包括其他领域的"价值"。（　）

6.专利资产的收益额是指直接由专利权带来的预期收益。（　）

7.专利权评估中折现率应由风险报酬率和无风险报酬率组成，其中无风险报酬率指的是行业基准收益率。（　）

四、思考分析题

1.什么是专利权？成为专利资产的关键要素有哪些？

2.如何界定专利资产评估对象？

3.说明影响专利资产价值的因素。

4.简述专利资产的评估程序。

五、综合训练题

1.甲企业有一项新产品设计专利技术，已使用3年，技术可靠，同类产品平均价格为150元/件，该产品市场售价为200元/件，目前该产品年销售量为4万件，经分析，产品寿命还可以维持8年，但竞争者将会介入，由于该企业已较固定地占领了市场，竞争者估计将采取扩大市场范围的市场策略。预计该企业将会维持目前的市场占有率，但价格将呈下降趋势。产品价格预计为：今后1—3年维持现行价格，4—5年后降为180元/件，6—8年后降为160元/件。假设成本无变化，折现率10%，所得税税率25%。

要求：

（1）评估该项专利技术价值；

（2）说明评估思路。

2.2019年初，甲、乙公司经过谈判，签订合同，甲公司授权乙公司使用专利A，确定A专利的授权使用期限为5年，采用普通许可方式。为确定专利A的授权使用费金额，需对A专利的价值进行评估，评估基准日为2020年12月31日。

经分析，若甲公司使用A专利，将会使得使用该专利的产品的销售量每年以2%的速度递增，假定销售单价保持不变，产品成本比原先降低10%，已知每件价格为100元，单位产品的成本为60元，2020年的销售量为250万件。

预测年度保持稳定。基准日5年期国债到期收益率为3.5%，1年期国债到期收益率为2%。影响专利资产的政策风险为1%、法律风险为2%、市场风险为2%、技术替代风险为2%、公司管理风险为1.5%，适用的所得税税率为25%。

要求：

（1）说明本次的资产评估对象。

（2）说明本次的评估方法。

（3）确定专利资产收益期限，并说明理由；计算预测各项专利资产增量净收益。

（4）采用累加法计算专利资产折现率。

（5）假设现金流量在期末产生，计算专利资产评估价值。

3.甲、乙两公司于2017年8月31日签订组建新企业的协议，协商确定甲公司以其拥有的一项实用新型专利A出资，乙公司以货币资金出资，总投资为5 000万元，合作期20年，新企业全部生产A专利产品，从2017年9月1日正式开工建设，建设期2年。

甲公司拟投资的专利A于2015年8月31日申请，2015年9月1日获得专利授予权及专利证书，并且按时缴纳了年费。

经充分分析论证后，预计新企业投产后第一年销售量为20万件，销售价格为每件280元，生产成本、销售费用、管理费用、财务费用为每件180元。自投产后第二年起达到设计规模，预计每年销售量为30万件，销售价格为每件300元，生产成本、销售费用、管理费用、财务费用为每件160元。从投产第五年起，为保证市场份额，实行降低价格销售策略，预计年利润总额为2 500万元。不考虑税费因素，假定专利技术的销售利润分成率为25%，折现率为10%，评估基准日为2017年8月31日。

要求：

（1）确定该实用新型专利技术的收益期；

（2）计算确定该实用新型专利技术在投产后每年的利润分成额；
（3）评估甲公司拟投资的实用新型专利A的价值。

任务五　专有技术评估

一、单项选择题

1. 与专利技术相比，专有技术具有的特点是（　　）。
A. 新颖性　　B. 可转让性　　C. 保密性　　D. 实用性
2. 下列各项说法错误的是（　　）。
A. 专有技术具有保密性，而专利技术则是在专利法规定的范围内公开的
B. 专利技术有明确的法律保护期限，专有技术没有法律保护期限
C. 专利技术和专有技术都受《中华人民共和国专利法》的保护
D. 专有技术的内容范围相比专利技术更广
3. 被评估资产为一未公开的食品配方。预计在未来无限年期，其所产生的年收益为300万元，资本化率为10%。则该食品配方的价值为（　　）万元。
A.300　　B.3 000　　C.600　　D.30

二、多项选择题

1. 下列各项属于专有技术的是（　　）。
A. 设计资料　　B. 管理规章　　C. 工艺规程　　D. 材料配方
2. 下列各项属于专有技术的特点的是（　　）。
A. 新颖性　　B. 实用性　　C. 获利性　　D. 保密性
3. 影响专有技术价值的因素包括（　　）。
A. 专有技术的使用期限　　B. 专有技术的预期获利能力
C. 分析专有技术的市场情况　　D. 专有技术的开发成本

三、判断题

1. 专有技术包括设计资料、技术规范、工艺流程、经营诀窍等。（　　）
2. 专有技术是一种法定的权利。（　　）

四、思考分析题

1. 如何理解专利权和专有技术的区别?

2.说明专有技术价值的影响因素。

五、综合训练题

1.丙公司拥有一项非专利技术无形资产，于2014年购入，于2020年进行评估。被评估的非专利技术无形资产账面价值为100万元，经过详细调查已知同类无形资产环比价格指数分别为2015年12.8%，2016年18.6%，2017年19.9%，2018年14.5%，2019年13.6%，2020年9.9%，2021年7.8%。

要求：计算该项非专利技术无形资产的重置成本。

2.A公司有一项专有技术，在该项技术的研制过程中消耗材料12万元，动力消耗22万元，支付科研人员工资25万元。评估专业人员经过市场调查论证，确定科研人员创造性劳动倍加系数为1.5，科研的平均风险系数为0.5，该项无形资产投资报酬率为20%，行业基准收益率为30%。

要求：测算该项专有技术的重置成本。

任务六　商标权评估

一、单项选择题

1.按商标是否享受法律保护，商标可以分为注册商标和（　　）。

A.驰名商标　　B.非注册商标　　C.普通商标　　D.备用商标

2.下列关于商标权的说法正确的是（　　）。

A.商标资产通常为商品商标权和著作商标权

B.商标资产评估对象是指受法律保护的注册商标权益

C.商标资产通常为不知名商标

D.商标资产对商标标识的商品或服务的数量和质量不具有相对依附性

3.从本质上讲，商标权的价值主要取决于（　　）。

A.取得成本　　B.设计和宣传费用

C.商标所能带来的超额收益　　D.新颖性和创造性

4.商标资产是指商标权利人拥有或者控制的，能够持续发挥作用并且能带来经济利益的注册商标权益。关于商标资产价值特征的说法正确的是（　　）。

A.商标资产对商标标识的商品或服务的数量和质量无依附性

B.商标资产不需要相关技术和管理支撑

C.广告宣传和营销管理对商标资产的价值具有维持和助推作用

D.商标资产不具有扩展能力

5.下列各项属于商标资产评估对象的是（　　）。

A.商标　　B.商标权　　C.商标资产　　D.注册商标权益

6.下列经济事项中，通常不需要进行商标资产评估的是（　　）。

A.商标权公开拍卖　　B.商标权续展维护

C.商标权侵权赔偿　　D.商标权公允价值计量

7.下列各项关于商标资产评估的相关工作中，在确定评估的客体时不需要考虑的事项是（　　）。

A.核实商标的法律状态　　B.确定评估目的

C.确定价值类型　　D.确定注册商标是普通商标还是驰名商标

8.评估客体的界定是指针对商标权本身特征进行的调查分析。下列各项中，不属于评估客体界定的主要工作的是（　　）。

A.核实商标的法律状态　　B.确定注册商标是普通商标还是驰名商标

C.明确商标的盈利模式　　D.明确被评估商标权利形式

9.良好的企业经营素质和优秀的管理是形成良好的商品质量及其较高知名度和信誉的保证，一个商标在不同的企业价值不同。这体现的商标资产价值的影响因素是（　　）。

A.商标权的法律状态　　B.商标的使用方式

C.商品的获利能力　　D.商品经营企业的素质和管理水平

10.影响商标资产价值最重要的因素是（　　）。

A.宏观经济状况　　B.商标的市场影响力

C.类似商标的交易情况　　D.商标的续展年限

11.商标的价值内涵表现为商品的质量信誉，但其成本本身由商标设计费、注册费、广告费等构成，说明无形资产的成本具有（　　）。

A.不完整性　　B.虚拟性　　C.弱对应性　　D.象征性

12.评估对象为甲企业拥有的某一知名商标，经评估人员分析，预计评估基准日后甲企业每年的净利润在1 000万元的水平上，净资产保持在10 000万元的水平上，行业平均净资产收益率为8%，假设折现率为10%，企业经营期为50年，不考虑其他因素，则该商标的评估值最接近（　　）万元。

A.1 294　　B.1 329　　C.1 983　　D.2 500

二、多项选择题

1.按照商标是否具有法律保护的专用权分类，商标分为（　　）。

A.有法律保护的商标权　　B.注册商标

C.未注册商标　　D.无法律保护的商标权

2.下列各项具有专有性和排他性的有（　　）。

A.集体商标　　B.商品商标　　C.证明商标　　D.服务商标

3.商标权的特点有（　　）。

A.排他性　　B.技术性　　C.地域性　　D.可转让性

4.下列各项中属于商标权权利的有（　　）。

A.继承权　　B.独占权　　C.转让权　　D.许可使用权

5.商标权是指商标经注册或被认定为驰名商标而获得法律保护，形成的排他使用等权利。下列各项有关商标权表达的是同一意思的有（　　）。

A.排他专用权　　B.独占权　　C.许可使用权　　D.强制许可使用权

6.下列各项属于商标资产的法律特征的有（　　）。

A.商标资产的时效性　　B.商标资产的地域性

C.商标资产具有逻辑扩展能力　　D.商标资产的约束性

7.影响商标资产价值的因素有（　　）。

A.宏观经济状况　　B.商标市场的影响力

C.商标的法律状态　　D.商标的使用方式

8.下列各项关于商标资产评估范围的界定内容，一般包括（　　）。

A.待评估商标的种类、数量

B.待评估商标的地域范围

C.待评估商标应用的商品种类

D.待评估商标的商品市场占有率及竞争状况

9.甲企业拟许可乙企业使用其商标，资产评估师运用收益法对该商标资产使用权的投资价值进行评估时，下列各项不属于其未来收益预测范围的有（　　）。

A.甲企业与乙企业使用全部商标产品带来的收益

B.乙企业的产品服务及投资收益

C.甲企业使用被评估商标产品带来的收益

D.乙企业使用被许可商标带来的收益

三、判断题

1.所有的图形、文字等标志都可以用来作为商标使用。（　　）

2.商标资产价值是由注册商标所带来的效益决定的，商标的设计、注册、广告费用对商标价值起决定性作用。（　　）

3.商标按是不是具有法律保护的专用权可分为注册商标和未注册商标。（　　）

4.在我国，注册商标的有效期为10年。（　　）

5.从商标构成角度来看，"北京稻香村Since1773"属于符号商标 。（　　）

6.商标资产评估对象可以是受法律保护的注册商标权益也可以是非注册商标。（　　）

7.在某些情况下，商标资产评估对象就是商标资产本身。（　　）

8.商标资产评估过程中收集的相关资料不包括商标注册人和商标使用人的基本情况。（　　）

9.只要所有者合法经营下去，商标的法律保护年限就可以是无限的。（　　）

10.一般来说，商标所有权转让的评估值高于商标权许可使用的评估值。（　　）

四、思考分析题

1. 商标权的主要特征有哪些？如何针对商标权不同的评估目的选择不同的评估方法？

2. 请分析说明商标资产价值的影响因素。

3. 说明商标资产评估程序。

五、综合训练题

1. 红星电子科技有限公司为中外合资企业，经营二十多年来，经营稳定，质量上乘，价格实惠，在市场上已得到广大消费者的认可，树立了信誉，销量日增，电子产品已进入国际市场，深受国外用户的信赖。为了进一步扩大业务，占领国际市场，提高企业竞争能力与应变能力，该公司于2016年末进行了股权重组，除原有五家股东增加投资并吸收某国新股东投资外，还将原属于红星公司的“红星”商标评估作价，作为原五家股东所有的无形资产，共同投入新公司作为各自入资的一部分。经评估，该商标以评估值作价投入新公司已被新股东接受，现增资扩股工作已经完成，新的合资公司已正式营业，由于资金实力较前雄厚，新公司扩大了生产规模，增加了三条生产线，“红星”商标的知名度与美誉度也有所提高，吸引了更多投资者的关注与兴趣。

要求：根据上述资料分析下列问题。

（1）上述资料中的“红星”商标是典型的无形资产，具有无形资产的常见功能特征，请列出无形资产的常见功能特征。

（2）在红星电子科技有限公司进行股权重组时，要对无形资产进行清查核实，在清查核实时，对“红星”商标可以采用哪些方法？

（3）“红星”商标属于一种商标资产，商标资产是指商标权利人拥有或控制的，能够持续发挥作用并且能带来经济利益的注册商标权益。商标资产有其自身独特的形式特征，请列出其形式特征。

2. 甲企业现生产A塑料产品，为了提高A塑料产品的市场占有率希望从乙公司获得其“YY”商标的使用权。甲企业已经与乙公司达成了“YY”商标使用权的转让初步协议，现委托评估机构对甲企业拟购乙公司所拥有的塑料制品“YY”商标使用权的价值进行评估，评估基准日为2020年1月1日。

经评估人员调查分析，乙公司是全球知名企业，“YY”商标使用权上次续展的时间是2017年1月1日，并按时交纳了有关商标的费用，商标有效。如果A塑料产品采用了乙公司的“YY”商标，预计在评估基准日后15年内可具有稳定的市场，产品销售价格可由原来的每台500元提高到650元，全部成本即由增值税引起的税金及附加由原来的每台450元增加到520元，评估基准日后第1年可销售15 000台，第2年可销售18 000台，从第3年开始每年可销售20 000台。15年以后企业不再使用乙企业的商标，购买该商标的风险回报率是6%，国库券的利率是4%，如果甲企业适用的所得税税率为25%，市场上该类商标利润收益分成率为30%。

要求：

（1）请评估甲企业购买乙公司“YY”商标使用权的价值；

（2）说明商标知名度对商标资产价值的影响；

（3）结合本案例说明商标资产的评估程序。

3. 甲企业决定将使用了10年的“LY”注册商标转让。据调查，该企业使用这一商标的商品比其他企业同类商品的单价高出5元，该企业年生产量是900万台，假设目前市场情况表明未来5年市场需求量和企业生产量可以达到1 000万台。假定折现率为10%。

要求：计算“LY”商标权转让价值。

4. 甲企业通过许可使用合同将“LY”商标使用权许可给乙企业使用。合同约定：使用期限为5年，经预测乙企业使用该商标后每台产品可新增利润5元。第1年至第5年的销售量分别为20万台、25万台、30万台、40万台和55万台，利润分成率为30%，折现率确定为10%。

要求：

（1）计算“LY”商标使用权价值；

（2）分析商标使用权价值和所有权价值是否一致？为什么？

任务七 商誉评估

一、单项选择题

1. 企业存在不可辨认无形资产，分别按单项评估加总的方法和整体评估的方法所得的评估结果会有一个差额，这个差额通常被称作（　　）。

A.商标　　B.专利权　　C.专营权　　D.商誉

2.商誉评估值的高低与企业为形成商誉而投入的费用（　　）。

A.没有关系　　B.有一定的关系　　C.有直接关系　　D.有完全关系

3.下列各项关于商誉的表述，错误的是（　　）。

A.商誉的价值可正、可负、可为零

B.商誉是一种能够资本化的无形资产

C.商誉是企业收益与社会基准收益的差额

D.商誉是一种不可辨认的无形资产

4.下列各项关于商誉与商标区别的表述，正确的是（　　）。

A.商标是产品的标志，商誉是企业整体声誉的体现

B.企业全部商标价值加和等于商誉

C.商誉可单独存在，商标不可以单独存在

D.商誉可以转让，商标不可以转让

5.某企业的预期年收益额为20万元，该企业的各单项资产的重估价值之和为80万元，企业所在行业的平均收益率为20%，并以行业平均收益率作为适用的资产收益率，则商誉的评估值为（　　）元。

A.200 000　　B.210 000　　C.220 000　　D.230 000

6.A企业将并购B企业，根据B企业过去经营情况和未来市场形势，预测其未来3年的净利润为15万元、18万元、20万元，从第4年开始，以后各年净利润为21万元。根据银行利率及企业经营风险情况确定的折现率为15%，并且采用单项资产评估方法，评估确定该企业单项资产之和（包括有形资产和可辨认无形资产）为100万元，则企业的商誉价值为（　　）万元。

A.100　　B.26　　C.31.85　　D.131.85

二、多项选择题

1.商誉与商标的合理表述为（　　）。

A.商誉和商标是相同含义的无形资产

B.企业全部商标价值之和等于商誉

C.商誉与企业相联系，商标与产品相联系

D.商誉是不可辨认、不可确指资产，商标为可辨认、可确指资产

2.下列各项属于商誉特征的有（　　）。

A.形成商誉的个别因素可以单独计价

B.商誉是企业整体价值扣除全部有形资产价值以后的差额

C.商誉不能和企业可辨认的资产分开销售

D.商誉是企业长期积累起来的一项价值

3.下列各项属于商誉评估方法的有（　　）。

A.超额收益法　　B.市场法　　C.成本法　　D.割差法

4.下列各项属于商誉评估特点的有（　　）。

A.整体性　　B.综合性　　C.持续性　　D.双重性

5.下列各项对商誉评估的表述，正确的是（　　）。

A.企业负债规模越大，企业商誉价值越小

B.商誉评估常采用收益法

C.商誉的评估值=企业整体价值评估值-企业的各单项可辨认资产评估值之和

D.评估商誉价值时需要考虑企业对商誉投入的费用和劳务

三、判断题

1.商誉不能离开企业而存在，不能与企业可辨认资产分开出售。（　　）

2.商誉评估值的高低与企业为形成商誉而投入的费用没有直接关系。（　　）

3.商誉可以离开企业而独立存在，并且可以与企业可辨认资产分开销售。（　　）

4.商誉离开实物载体后就失去了价值，所以主要采用超额收益法进行评估。（　　）

5.企业商誉评估值只能是正值，不可以是负值。（　　）

6.割差法用于商誉评估时，是通过计算企业整体价值扣除各项有形资产和可辨认无形资产价值后的差额而确定商誉价值的。（　　）

7.商誉评估不能采用市场类比法，但可采用投入费用累加法。（　　）

8.企业负债规模大小直接决定着企业商誉价值的大小。（　　）

四、思考分析题

1.简述商誉概念和特征。

2.如何理解商誉与商标的区别？

五、综合训练题

1.某企业的年预期收益额为40万元，该企业各单项资产价值之和为20万元，企业所在行业的平均收益率为15%，企业以行业平均收益率为适用的资本化率。

要求：计算该企业的商誉价值并说明评估技术思路。

2.甲企业拟转让产权，需进行评估。经专家预测，其未来5年的净利润分别为100万元、120万元、150万元、160万元、200万元，从第6年起，每年的利润处于稳定状态，即保持在200万元的水平上。该企业有一笔10万元的短期负债，其有形资产有货币资金、存货和固定资产，且其评估值分别为80万元、120万元和660万元。该企业还有一个尚有5年剩余经济寿命的非专利技术，该技术产品每件可以获得超额净利润15元。目前该企业每年生产产品10万件，经分析：未来5年中，每年可以生产12万件产品。若折现率和资本化率均为10%。

要求：计算甲企业的商誉价值并说明评估技术思路。

项目九

企业价值评估

任务一　企业价值评估认知

一、单项选择题

1. 下列各项不属于企业特点的是（　　）。

A. 盈利性　B. 持续经营性　C. 整体性　D. 权益不可分性

2. 下列各项属于企业区别于其他资产的重要特征的是（　　）。

A. 盈利性　B. 持续经营性　C. 整体性　D. 权益不可分性

3. 下列各项表述正确的是（　　）。

A. 企业价值可以通过对企业所拥有的各项资产价值相加得到

B. 评估企业价值时，不同的评估范围可以使用统一的评估方法

C. 企业价值体现的是企业的历史获利能力

D. 在企业生命周期中的初创、成长、成熟、衰退等不同阶段，企业的价值也会有所不同。

4. 企业价值的表现形式具有虚拟性，主要体现在（　　）。

A. 金融市场　B. 实体经济　C. 虚拟经济　D. 心理市场

5. 企业价值评估的关键是分析判断企业的（　　）。

A. 资产盈利能力　B. 现金流运营能力

C. 整体获利能力　D. 偿债能力

6. 下列各项关于企业价值评估的表述，正确的是（　　）。

A. 企业价值评估对象载体是由多个或多种单项资产组成的资产

B. 企业价值是企业的实体价值与虚拟价值之和

C. 存在多种业务类型的企业，其价值不等于各项业务价值合计数

D. 企业价值等于企业的各单项资产价值之和

7. 企业产权涉及的资产和负债，按（　　）可区分为经营部分和非经营部分。

A. 财务报表记录情况　B. 资产配置和使用情况

C. 产权主体自身占用情况　D. 资产规模和功能情况

8. 企业整体价值由股东权益和付息债务组成，而企业的股东权益又可进一步细分为股东全部权益和股东部分权益。这体现的是企业的（　　）。

A. 盈利性　B. 持续经营性　C. 整体性　D. 权益可分性

二、多项选择题

1. 企业整体价值的组成部分有（　　）。

A. 股东权益价值　B. 无形资产价值

C. 付息债务价值　D. 账面价值

2. 企业价值的评估对象主要包括（　　）。

A.企业整体价值　　B.股东全部权益价值
C.净资产价值　　D.股东部分权益价值

3.评估机构受理企业价值评估业务前，应当明确的基本事项有（　　）。

A.委托人的基本情况　　B.评估目的
C.价值类型　　D.资产评估报告使用范围

4.下列各项关于企业价值评估的表述，正确的有（　　）。

A.企业价值评估是现代市场经济的产物
B.评估对象载体是由多个或多种单项资产组成的资产综合体
C.企业价值评估的关键是分析判断企业的整体偿债能力
D.企业价值评估是一种整体性评估

5.企业在从事经济活动时应实行（　　）。

A.独立核算　　B.自主经营
C.自负盈亏　　D.公众约束

6.下列各项属于企业价值特点的有（　　）。

A.企业价值是一个整体概念　　B.企业价值是自主经营的结果
C.企业价值是以营利为目的的　　D.企业价值受企业可存续期限影响

三、判断题

1.企业是一个经济组织，经营的目的就是不受约束地盈利。（　　）

2.企业给予其利益相关者回报的能力越高，企业价值就越高。（　　）

3.评估企业价值必须以单项资产价值为基础。（　　）

4.股东部分权益价值并不等于股东全部权益价值与股权比例的乘积。（　　）

四、思考分析题

1.简要说明企业价值和企业的账面价值、公司市值和清算价值的区别和联系。

2.企业价值评估的范围有哪些？评估人员在界定企业价值评估范围时应当注意哪些问题？

任务二　收益法在企业价值评估中的应用

一、单项选择题

1. 使用收益法评估企业价值的核心问题是（　　）。

A. 盈利性　　B. 持续经营性　　C. 整体性　　D. 权益不可分性

2. 如果合伙协议中明确约定了利润分配方式，则合伙企业的利润分配按照（　　）办理。

A. 合伙协议的约定　　B. 实缴出资比例

C. 协商　　D. 平均分配

3. 能够保持理想的资本结构，使加权平均资本成本最低的股利分配政策是（　　）。

A. 固定或持续增长股利政策　　B. 固定股利支付率政策

C. 剩余股利政策　　D. 低正常股利加额外股利政策

4. 下列股利分配政策中，造成公司不稳定的感觉，对于稳定股票价格不利的是（　　）。

A. 固定或持续增长股利政策　　B. 固定股利支付率政策

C. 剩余股利政策　　D. 低正常股利加额外股利政策

5. 营运资金的计算公式为（　　）。

A. 流动资产 - 流动负债　　B. 流动资产 + 流动负债

C. 流动负债 - 流动资产　　D. 经营性资产 + 非经营性资产

6. 下列各项不属于债务资本特点的是（　　）。

A. 筹集的资金具有使用上的时间性　　B. 形成企业固定的负担

C. 会分散投资者对企业的控制权　　D. 资本成本一般比普通股筹资成本低

7. 下列各项表述正确的是（　　）。

A. 股权自由现金流量比较容易受到人为操纵

B. 净利润受会计政策影响较小

C. 在衡量权益资本收益能力方面，股权自由现金流量往往优于净利润

D. 若会计政策作出变更或调整，一般会对当期的现金流量产生影响

8. 某评估机构以2021年1月1日为基准日对A企业进行整体评估，已知该企业2020年实现企业自由现金流量200万元，经调查分析，预计该企业自评估基准日起3年内每年的企业自由现金流量将在前一年的基础上增加10%，自第4年起将稳定在第3年的水平上，若折现率为8%，无限期经营，则该企业整体价值评估最接近（　　）万元。

A. 3 264　　B. 2 314　　C. 3 347　　D. 4 210

9. 甲公司未来发展势头良好，预期股利以每年2%的速度永续增长，本年刚刚发放的股利为每股1元，甲公司股权资本成本为8%，所得税税率为25%，则股票价值为（　　）元/股。

A.16.67　　B.25　　C.25.5　　D.17

10.企业自由现金流量与股权自由现金流量是评估企业价值的两个重要参数，下列各项关于这两个指标的表述，错误的是（　　）。

A.企业自由现金流量=股权自由现金流量+债权现金流量

B.股权自由现金流量归属于企业权益资本提供方，可以用于直接计算股东全部权益价值

C.与企业自由现金流量相比，股权自由现金流量显得更为直观。企业自由现金流量是正数，但股权自由现金流量可能是负值，在这种情况下，股权自由现金流量能够提示企业关注资金链问题

D.企业自由现金流量归属于企业全部资本提供方，只能用于直接计算企业整体价值

11.企业的资产总额为8亿元，其中长期负债与所有者权益的比例为4∶6，长期负债利息率为8%，评估时社会无风险报酬率为4%，社会平均投资报酬率为8%，该企业的风险与社会平均风险的比值为1.2，该企业的所得税税率为33%，采用加权平均资本成本模型计算的折现率应为（　　）。

A.8.45%　　B.7.23%　　C.6.25%　　D.7.42%

12.已知A企业2021年税后净利润为300万元，利息费用20万元，折旧与摊销共计25万元，经营营运资本42万元，资本性支出为45万元，2020年经营营运资本为21万元，所得税税率25%，不考虑其他因素对所得税的影响，则A企业2021年自由现金流量为（　　）万元。

A.274　　B.271　　C.272　　D.275

二、多项选择题

1.在评估实践中，下列各项属于收益法评估模型的有（　　）。

A.股利折现模型　　B.股权自由现金流量折现模型

C.上市公司比较法　　D.企业自由现金流量折现模型

2.对被评估企业收益预测进行分析、判断和调整时，应当充分考虑并分析被评估企业的（　　）信息。

A.资本结构　　B.经营状况　　C.历史业绩　　D.发展前景

3.根据《中华人民共和国公司法》的规定，公司利润分配项目包括（　　）。

A.法定盈余公积　　B.计提折旧　　C.任意盈余公积　　D.股利

4.资本性支出的目的通常包括（　　）。

A.减少企业运营成本　　B.维持企业的生产或服务能力

C.增加生产或服务能力　　D.抵扣折旧和摊销

5.下列各项关于收益预测的表述，正确的有（　　）。

A.企业未来收益的预测，应以经调整的企业历年及当期收益作为出发点

B.企业未来收益额应与评估结果的价值类型相匹配和协调

C.企业未来收益预测的结果通常可以运用利润表或现金流量表的形式进行表现

D. 详细预测期时间长度的选择也会影响企业的价值

6. 企业自由现金流量折现模型的应用条件主要包括（　　）。

A. 能够对企业未来收益期的企业自由现金流量做出预测

B. 能够对企业未来收益期的股权自由现金流量做出预测

C. 能够对企业未来收益期的债权现金流量做出预测

D. 能够合理计算加权平均资本成本

三、判断题

1. 股权投资者的期望报酬率由股票的风险决定。（　　）

2. 从长期看，企业的增长率也可能超过所在行业的平均增长率。（　　）

3. 折旧和摊销是权责发生制原则的体现。（　　）

4. 计算现金流量时不需要考虑非经营性资产的问题。（　　）

四、思考分析题

1. 在公司制企业中，股利分配政策主要有哪几种模式？说明各种股利政策的利弊。

2. 什么是股权自由现金流量？说明其和净利润的区别。

3. 收益法评估企业价值有哪几种模型？请加以对比，并说明使用中的注意事项。

4. 说明收益法在企业价值评估中的操作步骤。

5.收益法在企业价值评估中如何预测其未来收益？

五、综合训练题

1.甲企业预计未来5年的预期股权自由现金流量分别为100万元、130万元、160万元、200万元、240万元，第6—10年，每年股权自由现金流量将在前一年的水平上以5%的增长率保持增长，从第11年开始，企业股权现金流量保持第10年的水平不变。假定权益回报率为10%，平均资本报酬率为12%，所得税税率为25%。

要求：计算A企业的价值。

2.基准日A企业所有者权益账面价值为2 000万元，长期负债账面价值为500万元，流动负债账面价值为1 000万元，长期负债与流动负债的投资报酬率分别为8%、5%，A企业预计资本结构保持不变。评估人员预计未来3年现金净流量分别为120万元、150万元、170万元，从第4年起年现金净流量保持3%的增长率增长，无风险报酬率4%，市场平均报酬率为10%，A企业β系数为1.33，所得税税率为25%。

要求：计算A企业整体价值。

任务三　市场法和成本法在企业价值评估中的应用

一、单项选择题

1.市场法所依据的基本原理是（　　）。

A.替代原理　　B.供求原理　　C.预期原理　　D.有效性原理

2.用相关因素间接比较的方法评估企业价值的关键在于（　　）。

A.对参照企业比较分析

B.修正、调整参照企业的市场价值

C.确定被评估企业的价值

D.对可比企业的选择和对可比指标的选择

3.在选择、计算和使用价值比率时，下列各项不属于应当考虑的问题是（　　）。

A.选择的价值比率应当有利于合理确定评估对象的价值

B.谨慎选择价值比率的获取渠道

C.用于价值比率计算的相关数据口径和计算方式应当一致

D.合理将参照企业或交易案例的价值比率应用于被评估企业

4. 在企业价值评估中，下列各项说法不当的是（　　）。

A. 成本法应当被称作“资产基础”途径中的“资产加和法”

B. 成本法一般不应该被当成唯一的评估方法

C. 运用收益法评估企业价值存在两个障碍：一是被评估企业与参照企业之间的“可比性”问题，二是被评估企业与可比案例的差异

D. 确定价值比率要看可比指标的选择

5. 下列各类企业中，适宜采用资产基础法评估企业价值的是（　　）。

A. 存在大量无形资产的企业　　B. 成熟期企业

C. 可能进入清算的企业　　D. 存在大量商誉的企业

6. 在持续经营假设前提下评估企业的整体价值，一般不宜单独采用的评估方法是（　　）。

A. 市场法　　B. 收益法　　C. 成本法　　D. 比较法

7. 运用资产基础法评估企业价值时，需要对评估结果的合理性进行分析。下列各项表述错误的是（　　）。

A. 需要判断表外是否存在企业权益形成的资产，或企业义务构成的负债

B. 自创无形资产，但是该无形资产的投入在账面上没有反映，属于表外资产

C. 一般情况下，资产基础法不是唯一的评估方法，需要与其他评估途径进行比较分析

D. 土地恢复义务不属于表外负债

二、多项选择题

1. 使用市场法评估企业价值时，对参照企业的要求包括（　　）。

A. 与被评估企业属于同一行业

B. 与被评估企业有类似的财务结构

C. 与被评估企业受相同经济因素的影响

D. 与被评估企业属于同一集团公司

2. 价值比率中X参数可以选择的财务变量有（　　）。

A. 净利润　　B. 净现金流量

C. 销售收入　　D. 利息、折旧和税前利润

3. 市场法中，上市公司比较法和交易案例比较法之间的相同点有（　　）。

A. 两者的可比交易数据都来源于公开交易的证券市场

B. 两者都需要对可比交易数据进行分析

C. 两者都需要利用可比交易数据测算价值比率

D. 两者都是通过市场获得可比交易数据的

4. 对于资产基础法的局限性，下列各项表述正确的有（　　）。

A. 资产基础法评估所用的时间短、成本高

B. 资产基础法无法反映和体现出商誉的价值

C.资产基础法难以体现企业作为一个持续经营和持续获利的经济实体的价值

D.资产基础法评估要投入大量人力、时间和费用

三、判断题

1.运用成本法评估企业价值能够有效识别企业中不可辨认资产的价值。（　　）

2.在评估企业价值时，只要存在能与被评估企业直接比较的类似企业就可以使用市场法。（　　）

3.使用市场法评估企业价值时，要对评估结果进行适当调整，以充分考虑被评估企业与上市公司的差异。（　　）

4.在使用资产基础法评估企业价值时，对于持续经营假设前提下的各个单项资产的评估，应按贡献原则评估其价值。（　　）

四、思考分析题

1.使用市场法评估企业价值时，有哪些前提条件？存在哪些困难？

2.企业价值评估的成本法是围绕企业的哪项能力展开的？为什么？

五、计算题

1.A上市公司2020年每股收益为3元，市场流通股数量为100万股，通过对比分析，找到A公司的可比公司B公司的市盈率为12。

要求：运用市场法计算A公司的企业价值。

2.A公司2020年的每股收益为1.65元，股利支付率为35%，收益和股利的增长率预计为5%。该公司的β值为1.2，市场风险溢价为7%，无风险报酬率为3%。

要求：计算该公司的P/E值。

3.甲公司进行资产重组，委托中青资产评估公司对企业股东全部权益价值进行评估。评估基准日为2020年12月31日。评估人员经调查分析，得到以下相关信息：

（1）甲公司经过审计后的有形资产账面价值为920万元，评估值为1 000万元，负债为400万元。

（2）企业原账面无形资产仅有土地使用权一项，经审计后的账面价值为100万元。评估人员采用市场法评估后的市场价值为300万元。

（3）甲公司刚开发完成一套产品质量控制系统应用软件，在同行业中居领先地位，已经通过专家鉴定并投入生产使用。该套软件的实际开发成本为50万元，维护成本很低，目前如果重新开发此软件所需的开发成本基本保持不变。

要求：根据所给条件，使用资产基础法评估甲公司股东全部权益价值。

项目十

流动资产评估

任务一　流动资产评估概述

一、单项选择题

1. 下列各项关于流动资产特点的表述，错误的是（　　）。
   A. 各种流动资产都可以在较短的时间内出售或变卖
   B. 以多种形态并存于企业生产经营的各个阶段
   C. 企业流动资产是对外支付和偿还债务的重要保证
   D. 对于稳定经营的企业，流动资产几乎不受供求变化和季节性的影响
2. 评估目的不同时，流动资产按其自身特点可采取不同的方式进行评估。下列按变现净值评估的情形是（　　）。
   A. 企业破产清算，进行资产变卖，要求流动资产快速变现
   B. 企业股权转让，生产经营方式、产品结构不变的流动资产评估
   C. 企业产权变动，生产经营方式调整，对被评估流动资产的需求大大减少
   D. 企业清产核资，持续经营，资产按在用用途使用的流动资产评估
3. 下列各项关于流动资产的表述，不正确的是（　　）。
   A. 预计在一个正常营业周期中变现、出售或耗用
   B. 主要为资产升值目的而持有
   C. 预计在资产负债表日起1年内变现
   D. 自资产负债表日起1年内，交换其他资产或清偿负债的能力不受限制的现金或现金等价物
4. 下列各项不属于流动资产的是（　　）。
   A. 现金　　B. 应收账款　　C. 存货　　D. 专利技术
5. 与非流动资产相比，下列各项不属于流动资产特点的是（　　）。
   A. 循环周转速度快　　B. 变现能力强
   C. 稳定性差　　D. 占用形态并存又相继转化
6. 下列各项不属于流动资产评估目的的是（　　）。
   A. 企业产权变动　　B. 企业体制优化
   C. 保险索赔　　D. 清产核资

二、多项选择题

1. 下列各项不属于流动资产评估的特点的有（　　）。
   A. 流动资产评估基准日要尽可能与评估结论使用时点接近
   B. 流动资产一般具有数量大、种类多的特点，清查工作量很大
   C. 流动资产评估实务受企业运营的牵制较小，对企业流动资产会计核算资料的依赖度低

D.流动资产评估基准日与评估结论使用时点一般相差较远

2.下列各项属于流动资产评估对象的有（　　）。

A.交易性金融资产　　B.其他应收款

C.预付账款　　D.其他货币资金

3.下列各项关于流动资产评估特点的表述，正确的有（　　）。

A.流动资产评估时点要尽可能与评估结论使用时点接近

B.流动资产评估实务受企业运营的牵制较大，对企业流动资产会计核算资料的依赖度高

C.既要认真进行资产清查，又要分清主次，掌握重点

D.流动资产一般来说周转速度快，变现能力强，在价格变化不大的情况下，流动资产的账面价值基本上可以反映出流动资产的现值

三、判断题

1.对流动资产评估要考虑其综合获利能力，进行综合性价值评估。（　　）

2.评估流动资产时一般不需考虑资产的功能性贬值因素。（　　）

3.流动资产评估选择的评估时点应尽可能接近评估结论使用时点。（　　）

4.在特定情况下，可以采用历史成本作为流动资产的评估值。（　　）

四、思考分析题

1.什么是流动资产？流动资产的特点和流动资产评估的特点表现在哪些方面？

2.简述流动资产的评估程序。

任务二　存货资产评估

一、单项选择题

1.某企业分两批购进库存材料A，下列各项关于其评估处理的表述，正确的是（　　）。

A.宜采用后进先出法进行评估

B.宜采用平均价格进行评估

C.宜采用评估基准日账面价值进行评估

D.宜采用评估基准日市场价格进行评估

2.下列各项关于库存材料评估的表述，正确的是（ ）。

A.购进批次间隔时间长、价格变化大的，按照平均采购价格评估

B.按照材料重要性，选择具体评估方法

C.缺乏准确现价的，可以采用市场同类材料的平均物价指数进行评估

D.呆滞材料，按照报废后的残值进行评估

3.下列各项关于在用低值易耗品评估中成新率的确定原则的表述，正确的是（ ）。

A.按50%确定　　B.按残值率确定

C.根据实际损耗程度确定　　D.根据会计摊销方式确定

4.某企业产成品实有数量为1 500件，合理材料工艺定额为600千克/件，合理工时定额为20小时/件。因为评估基准日与产成品完工时间间隔较长，评估时，生产该产品的材料价格由原来的50元/千克涨至60元/千克，合理工时工资、费用也由15元/小时涨至20元/小时。采用成本法评估时，该企业产成品评估值为（ ）万元。

A.5 460　　B.4 545　　C.5 445　　D.4 560

5.某企业产成品的实际成本为200元/台，生产产成品的材料费、工资和其他费用的比例为6：4，评估基准日材料综合调整系数为1.1，工资和其他费用调整系数为1.05，假设不考虑其他因素，该产成品的评估单价为（ ）元。

A.231　　B.214　　C.216　　D.230

6.下列各项关于存货评估过程中的清查核实的表述，错误的是（ ）。

A.委托方（或资产占有方）的存货管理水平好、核算基础好，抽查范围和比例可以小一些

B.如果存货评估结论对委托方（或资产占有方）的利害关系大，则应对金额较大、易出现误差的资产进行详细核查

C.应查明存货有无霉烂、变质、毁损等

D.不用进行检测和技术鉴定工作

7.甲股份有限公司库存的B材料分两批购进：第一批购进的时间为2017年1月13日，数量1 000吨，价格500元/吨；第二批购进的时间为2018年5月15日，数量800吨，价格700元/吨。评估基准日为2018年6月1日，经核实第一批购进的材料尚存100吨，第二批购进的材料还未使用，则评估时可采用的材料价格为（ ）元/吨。

A.500　　B.700　　C.600　　D.677.78

8.红星公司被评估的某材料系最近从外地购入的，当时共购入500件，价格600元/件，共发生运杂费等8 000元，经盘点，该材料尚余100件，该批材料的评估值为（ ）元。

A.68 000　　B.124 000　　C.308 000　　D.61 600

9.在用低值易耗品可以采用（　　）进行评估。

A.收益法　　B.市场法

C.市场同类商品的平均物价指数　　D.成本法

10.低值易耗品可以分为在库低值易耗品和在用低值易耗品，这样分类的依据是（　　）。

A.低值易耗品的用途　　B.低值易耗品的使用情况

C.低值易耗品的位置　　D.低值易耗品的使用时间

11.某低值易耗品账面原价800元，预计使用1年，现在已经使用了6个月，该低值易耗品的现行市价为1 200元，则低值易耗品的评估值为（　　）元。

A.500　　B.600　　C.700　　D.800

12.只适用于生产经营正常、会计核算水平较高的企业在产品的评估方法是（　　）。

A.按价格变动系数调整成本计算评估值

B.按社会平均消耗定额和现行市价计算评估值

C.按在产品的完工程度计算评估值

D.按在产品的成本发生额计算评估值

13.某企业100件在产品因转产需要出售而进行评估，评估人员根据在产品的完工程度和市场调查得知评估基准日该在产品市场上可接受的不含税价为120元/件，销售费用约占不含税价的5%，不考虑增值税及其附加税等其他因素，该100件在产品的评估价值最接近（　　）元。

A.9 656.41　　B.9 743.60　　C.11 400　　D.11 487.18

14.采用成本法对产成品进行评估时，评估基准日与产成品完工时间较接近，成本变化不大时，直接按产成品的（　　）确定其评估值。

A.清算价值　　B.账面成本　　C.投资价值　　D.市场价值

二、多项选择题

1.下列各项关于存货清查核实的表述，正确的有（　　）。

A.存货的盘点，通常由委托人提供存货清单，评估专业人员完成

B.必要时可以对存货进行检测和技术鉴定工作

C.需要对有无变质、毁损、超储、呆滞等情况进行核实

D.对于第三方保管的存货，可以采用函证方式进行核实

2.在评估库存材料价值时，应根据材料购进情况的不同，选择适用的评估方法，并考虑其数量和质量，合理确定评估值。下列各项表述正确的有（　　）。

A.库存材料计价方式的差异不影响评价结果

B.购进时间长、市场价格变化大的库存材料，可采用市场法

C.失效、变质、残损、报废、无用的库存材料，应扣除相应的贬值额

D.购进时间短、市场价格变化不大的库存材料，可采用成本法

3.在产品采用成本法评估时，下列各项费用中，构成在产品重置成本的有（　　）。

A.材料费　　B.销售税金　　C.制造费用　　D.工资费用

4.下列各项关于在产品评估的表述，正确的有（　　）。

A.采用成本法评估时，可以将制造费用和工资费用合为一项费用

B.在产品采用市场法评估时，需要考虑扣除销售过程中预计发生的相关费用

C.在产品可以采用成本法和市场法进行评估

D.按在产品的完工程度计算评估值时，在产品的约当量是指在产品的完工率

5.采用市场法评估产成品价值时，下列各项表述正确的有（　　）。

A.非正常交易价格不能作为评估依据

B.技术水平先进，外表残缺的产成品，应通过调整系数予以调整

C.市场供求关系不影响产成品评估值

D.产成品评估值一律要扣除相关税金和利润

6.下列各项关于房地产开发企业存货评估的表述，错误的有（　　）。

A.尚未开发的土地、房屋等属于在产品范畴

B.管理活动所消耗的低值易耗品属于原材料范畴

C.外购原材料适合采用收益法评估

D.建成合格、待出售的商品房可以用收益法评估

7.对产成品或库存商品的评估，一般可采用（　　）。

A.成本法　　　　B.市场法　　　　C.收益法　　　　D.分段法

8.采用市场法评估产成品价值时，下列各项属于选择市场价格时应考虑的因素的有（　　）。

A.库存商品的使用价值

B.分析市场供求关系和被评估产品的前景

C.所选择的价格应是在公开市场上所形成的近期交易价格

D.在产品技术水平先进，但产成品外表存有不同程度的残缺的情况下，可根据其损坏程度，通过调整系数予以调整

三、判断题

1.对在产品一般采用成本法或市场法进行评估。（　　）

2.低值易耗品的账面摊余价值可直接作为评估值。（　　）

3.采用市场法评估缴纳增值税的产成品价值时，产成品的价值要包含其应纳的销项税额。（　　）

四、思考分析题

1.说明材料的评估方法。

2. 如何评估企业中在产品的价值？

3. 运用市场法评估产成品价值时，如何合理选择和确定市场价格？

五、综合训练题

1. 评估人员对A企业的部分存货进行评估。评估人员经清查核实及市场调查后获得如下资料和信息：

（1）A企业已经停产2年，本次评估后拟恢复原产品的生产。

（2）A企业库存钢材100吨，账面余额230 000元，购入时间距评估基准日3年。

（3）库存甲种钢制零件产成品500件，账面价值100 000元。经现场鉴定有100件由于保存不当已报废，按评估基准日的废钢价格，预计报废产品处理后可获得净收入9 000元。

（4）库存甲种钢制零件在产品1 000件，如果按已完成工时与该种零件全部工序所需工时的比例计算分类，有300件已完工50%，有700件已完工80%。

（5）甲种钢制零件产成品的完工日期与在产品停止加工日期均距评估基准日2年。

（6）产成品的账面值为完工日期的价值。

（7）根据会计资料，在甲种钢制零件产成品的成本中，原材料占70%，人工费占20%，能耗占2%，其他费用占8%。

（8）甲种钢制零件产成品及在产品所用钢材与库存材料为同一批购入的同种材料。

（9）经市场调查，在评估基准日前3年内，库存材料的价格每年比上一年上涨5%，自A企业停产后，同行业人工费用每年比上一年上涨4%，能耗价格每年比上一年上涨1%，其他费用每年比上一年上涨3%。

假设在甲种钢制零件的加工过程中，每个工时所包含的人工费用、能耗费用及其他费用相同，并不再考虑其他因素。

要求：根据题中资料计算A企业原材料、产成品及在产品的评估值。

2. 某企业被其他企业兼并，生产全面停止，现对其库存的在产品A、B、C进行评估。有关评估资料如下：

（1）在产品A已从仓库中领出，但尚未进行加工处理。这批在产品A共有1 000件，账面价值为25 000元，经调查，该在产品如完好无损地出售，单位市价为20元。

（2）在产品B已加工成部件，共有500件，账面价值为5 500元，可通过市场调剂且流动性较好。据调查了解，该在产品的市场可接受价格为10元/件，调剂费用为100元，但调剂存在风险，预计能够实现调剂价格的90%。

（3）在产品C已加工成部件，账面价值为3 000元，但是对于兼并后的企业来说，在产品C已经没有继续加工的价值，而且也无法调剂出去。经分析，该在产品只能作为报废的在制品处理，可回收的价格为500元。

要求：根据以上资料，用市场法确定该企业在产品的评估值。

任务三　非实物类流动资产评估

一、单项选择题

1. 采用资产基础法评估持续经营企业的价值时，应收账款评估的本质是（　　）。

A. 确定账龄

B. 对款项回收的“风险损失”和“未来回收价值现值”的判断

C. 确认已经发生的坏账

D. 对应收账款账面记录的重新估计

2. 应收款项评估中，下列各项可直接判断为全部坏账损失的是（　　）。

A. 债务人5年未履行偿债义务的　　B. 债务人依法宣告破产的

C. 债务重组协议达成后无法追偿的　　D. 债务人被宣告死亡的

3. 下列各项关于应收款项评估的表述，正确的是（　　）。

A. 它是对债权的重新认定　　B. 需要确认已发生的坏账损失

C. 它是对债权账面金额的重新估计　　D. 不考虑预计发生的坏账损失

4. 甲公司向乙公司售出一批货物，价款600万元，商定9个月收款，采用商业汇票结算。甲公司于3月10日开出汇票，并经乙公司承兑，汇票到期日为12月10日。现对甲公司进行评估，评估基准日为7月10日，贴现率按月息5‰计算，该应收票据的评估值为（　　）万元。

A.615　　B.612　　C.585　　D.588

5. 下列各项关于带息应收票据评估价值的计算公式，正确的是（　　）。

A. 评估值=票据到期价值×贴现率　　B. 评估值=票据到期价值-贴现息

C. 评估值=票面价值-应计利息　　D. 评估值=票据到期价值+贴现息

6. 某企业年初预付当年的保险金10万元，在评估基准日6月30日，预付保险金的账面余额为7万元，该笔预付费用的评估值为（　　）万元。

A.3.5　　B.7　　C.5　　D.0

7. 预付费用评估中，下列各项关于评估值确定的表述，正确的是（　　）。

A. 评估值主要根据其评估基准日后的效益情况确定

B. 评估值主要根据企业会计政策确定

C. 评估值一律按账面价值确定

D. 一律评估为零

8. 下列各项关于预付费用评估的表述，正确的是（　　）。

A.评估值的高低取决于评估基准日之后产生的收益大小
B.由于是"费用"，应当全部评估为零
C.评估值的高低取决于预付金额的大小
D.评估值应当按账面价值计算

二、多项选择题

1.非实物类流动资产常用的清查核实方法有（　　）。
A.函证　　B.盘点　　C.访谈　　D.凭证抽查
2.下列各项关于非实物类流动资产常用的清查核实方法的表述，正确的有（　　）。
A.盘点一般用于库存现金的清查核实
B.通过访谈，可以提高效率，缩短评估时间
C.程序合规、记录无误、结论明确的函证，可以认定"无回收风险"
D.现金盘点时，尽量要求现金出纳在场
3.评估应收账款时，下列各项关于确定可能发生的坏账损失的表述，正确的有（　　）。
A.一般来说，应收账款评估以后，账面上的"坏账准备"科目按零值计算
B.账龄分析法中，一般来说，账龄越长，发生坏账损失的可能性就越大
C.账龄分析法是根据应收账款的账龄估计坏账损失的方法
D.坏账比例法中的坏账比例，一般通过分析以前若干年的实际坏账情况确定
4.下列各项关于应收账款评估的表述，正确的有（　　）。
A.坏账准备按账面值保留
B.预计风险损失不包括可确定的坏账损失
C.本质上是预计风险
D.评估的是"未来现金资产"

三、判断题

1.非实物类流动资产，是指除存货外的其他流动资产。（　　）
2.已在评估基准日前全部体现效益的预付费用，其评估值为零。（　　）

四、思考分析题

1.应收账款评估时如何确定预计发生的坏账损失？

2.简述对应收账款进行评估的基本程序。

项目十一

资源资产评估

任务一　认知资源资产

一、单项选择题

1. 下列各项中，可以划分为森林资产的是（　　）。
   A. 没有依法认定的森林资源
   B. 完全没有经济利用价值的森林资源
   C. 由特定主体所拥有或控制，并能够带来经济利益的森林资源
   D. 在现有技术条件下不可计量的森林资源
2. 资源资产评估的特点不包括（　　）。
   A. 资源资产价格是自然资源的使用权价格
   B. 资源资产价格受区位影响较大
   C. 资源资产具有可收益性
   D. 资源资产评估须遵循自然资源形成和变化的客观规律
3. 下列各项不属于资源资产经济属性的是（　　）。
   A. 具有使用价值　B. 能以货币计量　C. 具有区域性　D. 具有可收益性
4. 下列各项属于非耗竭性资源的是（　　）。
   A. 金属矿产资源　B. 非金属矿产资源
   C. 能源矿产资源　D. 土地资源

二、多项选择题

1. 下列各项属于非耗竭性资源的有（　　）。
   A. 气候资源　B. 森林资源　C. 土地资源　D. 矿产资源
2. 下列各项属于资源资产自然属性的有（　　）。
   A. 天然性　B. 有限性　C. 获益性
   D. 区域性　E. 稀缺性
3. 按照自然资源在开发过程中能否再生，自然资源可分为（　　）。
   A. 非耗竭性资源　B. 耗竭性资源　C. 生物资源　D. 土地资源
4. 从自然资源与人类的经济关系角度，自然资源可分为（　　）。
   A. 可再生的非耗竭性资源　B. 不可再生的非耗竭性资源
   C. 生物资源　D. 土地资源
5. 下列各项属于生物资源的有（　　）。
   A. 森林资源　B. 动物资源　C. 天然水资源　D. 牧草资源

三、判断题

1. 自然资源是一个动态的概念。（　　）

2.资源资产自身具备了自然资源的自然属性，同时也具备了资产的经济属性和法律属性。（ ）

3.由于资源资产的稀缺性及其效用的级差性，必然产生地租，因而资源资产具有价格。（ ）

四、思考分析题

1.什么是资源资产？其特性有哪些？

2.简述资源资产的经济属性。

3.简述资源资产评估的特点。

任务二 森林资源资产评估

一、单项选择题

1.内部特征基本一致，与相邻地段有明显区别，而需要采取相同经营措施的地块叫作（ ）。

A.林场 B.营林区 C.林班 D.小班

2.某林木资产每年都有一定收益，同时每年也有一定的成本支出，且具有一定的经济收益期。则估算该林木资产的评估值最适宜采用（ ）。

A.收益现值法 B.周期收益资本化法

C.年金资本化法 D.林地期望价法

3.将被评估林木资产皆伐后所得木材的市场销售总收入，扣除木材生产经营所消耗的成本和合理利润，剩余价值部分作为林木资产评估值的方法称为（ ）。

A.木材市场价倒算法 B.市场成交价比较法

C.年金资本化法 D.林地期望价法

4.成熟林、过熟林的林木资源评估常用的方法是（ ）。

A. 市场成交价比较法　　B. 年金资本化法
C. 重置成本法　　D. 木材市场价倒算法

5. 某小班为幼龄林，林分年龄为3年，实有保存株数为1 588，造林设计株数为1 800，当地造林成活率要求为85%，则根据条件计算的株数调整系数为（　　）。

A.1　　B.0.9　　C.0.88　　D.2

6. 某林场拟转让10公顷杉木林，林分年龄为2年，树高调整系数为0.9。株数保存率为88%。经资产评估专业人员调查，当地造林成活率要求为80%。运用重置成本法评估时，其林分质量综合调整系数为（　　）。

A.0.99　　B.0.9　　C.0.8　　D.0.88

7. 当交易市场不活跃时，产前期经济林资源最适宜采用的评估方法是（　　）。

A. 木材市场价倒算法　　B. 年金资本化法
C. 收益现值法　　D. 重置成本法

8. 下列运用木材市场价倒算法评估用材林资产价值的计算公式中，正确的是（　　）。

A. 评估值=销售总收入-木材经营成本-木材生产经营利润
B. 评估值=销售总收入-木材经营成本+木材生产经营利润
C. 评估值=销售总收入-木材经营成本
D. 评估值=销售总收入-木材生产经营利润

9. 对于中龄林和近熟林的林木资产评估，一般应选用的评估方法是（　　）。

A. 木材市场价倒算法　　B. 收益现值法
C. 年金资本化法　　D. 周期收益资本化法

10. 某民营林业公司拟转让近期收购的100公顷杉木林，该林分经营类型为一般用材林，林龄为30年，已过主伐期，处于成熟林组，经调查分析，该木材销售总收入为800 000元，木材经营成本为594 000元，木材经营利润为95 040元，使用木材市场价倒算法计算，该林木资产评估值为（　　）元。

A.278 000　　B.500 000　　C.110 960　　D.200 000

二、多项选择题

1. 森林资产资源评估的特点有（　　）。

A. 经营的长周期性　　B. 资产核查的艰巨性
C. 效益的单一性　　D. 地域性不明显

2. 目前我国各大林区的森林区划系统一般为五级区划，包括（　　）。

A. 林业局　　B. 林场　　C. 营林区　　D. 林班

3. 下列各项属于森林资源资产特点的有（　　）。

A. 经营的永续性　　B. 再生的长期性
C. 分布的辽阔性　　D. 管理的艰巨性

4. 常见的森林资源资产核查方式有（　　）。

A. 小班抽查法　　B. 全面核查法
C. 抽样调查法　　D. 林班核查法

5.运用收益现值法评估模型计算用材林资产价值时，需要考虑的要素有（　　）。

A.评估基准日前的造林投资　　B.主伐时的净收益

C.间伐的纯收入　　D.林分质量调整系数

三、判断题

1.森林资源资产清单，实际上就是一般资产评估中的委托评估资产申报表。（　　）

2.市场价倒算法是成熟林、过熟林资产评估的常用方法。（　　）

3.在森林资源资产评估中，收益现值法理论上可以用于任何年龄阶段的林木资产评估。（　　）

四、思考分析题

1.简述森林资源资产评估的特点。

2.简述林木资源资产评估的方法。

五、综合训练题

1.假设某片森林的林木被采伐后市场销售总收入为1 500万元，木材经营成本总计为500万元，木材经营合理利润为100万元，该森林资源的再生价值为100万元。

要求：计算森林资源的评估值。

2.已知林木资产蓄积量为5 000立方米，参照物资产单位蓄积量的成交价格为500元/立方米，经测定，物价指数调整系数为1.25，林分质量调整系数为0.65。

要求：计算该林木资产的评估值。

任务三　矿产资源资产评估

一、单项选择题

1.下列各项关于矿产资源资产评估的产生与发展的表述，不正确的是（　　）。

A.第一个阶段是基于中国第一部《矿产资源法》的“地质勘查成果资产评估”

B.第一个阶段的评估对象是“矿产地勘报告”和“有价值的勘查资料”

C.第二个阶段是基于1996年修订的《矿产资源法》的“探矿权采矿权评估”

D.矿业权的评估确立于第一个阶段

2.下列各项不属于采矿权差异要素的是（　　）。

A.交通条件　　B.自然条件　　C.经济环境　　D.矿产品位

3.有权优先取得勘查作业区内矿产资源采矿权的是（　　）。

A.勘查作业区内的探矿权人

B.具有矿山开采能力的开采企业

C.具有勘查能力的探矿企业

D.与勘查作业区相邻的矿山开采企业

4.现拟对某采矿权价值进行评估，已知某可参照的采矿权成交价格为3 200万元，规模调整系数为1.10，品位调整系数为1.05，价格调整系数为1.15，差异调整系数为0.95，技术性贬值系数为0.13，折现率为9%，则该采矿权评估价值最接近（　　）万元。

A.4 038　　B.3 450　　C.3 786　　D.5 486

5.在采矿权差异要素中，属于地质采选条件的差异要素是（　　）。

A.供电供气状况　　B.地形环境　　C.气候环境　　D.埋藏深度

二、多项选择题

1.勘查程度较低的赋存稳定分布的大中型沉积矿产的探矿权价值评估可以采用的评估方法有（　　）。

A.预查阶段或采矿前景不明确的采用勘查成本效果法

B.普查阶段或能够满足要求的预查阶段采用地质要素评序法

C.普查探矿权采用折现现金流量法

D.勘查程度较低（预查或普查阶段）的采用折现现金流量风险系数调整法

2.下列各项关于矿业权评估方法的表述，正确的有（　　）。

A.采矿权由于都有收益，因此所有收益法都适用于采矿权的评估

B.市场法中的可比销售法可用于采矿权的评估

C.收入权益法只适用于采矿权评估

D.折现现金流量风险系数调整法只适用于探矿权评估

3.可用于详查阶段的探矿权评估的方法有（　　）。

A.折现现金流量法

B.可比销售法

C.单位面积探矿权价值评判法

D.资源品级探矿权价值估算法

4.下列关于矿业权价值的影响因素中，增加矿业权价值的因素有（　　）。

A.矿产资源的稀缺程度高，可替代程度低

B.矿床的自然丰度高

C.科技进步

D.矿床距离加工和消费地近、运输和矿山建设条件好

5.预查和普查阶段的勘查区，未查明矿产资源，矿产资源勘查权利的价值主要取决于（　　）。

A.投入的勘查工作成本

B.投入的勘查工作成本的效用

C.勘查工作对未来找矿潜力的作用

D.勘查工作对未来矿产资源开发前景的作用

6.评估矿产资源资产的主要方法包括（　　）。

A.地勘加和法　　B.年限法

C.地质要素评序法　　D.粗估法

7.应用可比销售法，评估采矿权价值时需要对作为参照物的采矿权价格进行（　　）。

A.矿床规模差异调整　　B.品位调整

C.矿产品价格调整　　D.采矿权差异要素调整

三、判断题

1.收入权益法是基于替代原则的一种间接估算采矿权价值的方法。（　　）

2.当矿产资源储量一定时，矿山生产能力与矿山服务年限成正比。（　　）

3.成本法常用的具体评估方法包括勘查成本效用法和地质要素评序法。（　　）

四、思考分析题

1.简述矿业权价值的影响因素。

2.简述矿业权中收益法的具体方法。

3.简述矿业权中市场法的适用范围。

项目十二

以财务报告为目的的评估

任务一　以财务报告为目的的评估概述

一、单项选择题

1. 下列各项不属于以财务报告为目的的评估作用是（　　）。

A. 能满足会计计量专业上的需求　　B. 能够为会计计量的客观性奠定基础

C. 能够强化公允价值的公正性　　D. 可以替代审计的作用

2. 相对于其他评估业务，下列各项不属于以财务报告为目的的评估特点是（　　）。

A. 为会计计量提供服务　　B. 评估业务具有多样性、复杂性

C. 所采用的评估方法具有多样性　　D. 具有公正性

3. 我国2006年发布的企业会计准则引入了（　　）的概念和计量，使得以财务报告为目的的评估有了制度基础。

A. 投资价值　　B. 清算价值　　C. 公允价值　　D. 市场价值

4. 下列各项关于以财务报告为目的的评估所涉及的评估对象的说法，正确的是（　　）。

A. 同一控制下的企业合并，所产生的以财务报告为目的评估的评估对象仅包括合并中取得的被购买方的各项可辨认资产、负债及或有负债

B. 资产减值测试评估的对象包括资产、资产组、资产组组合

C. 投资性房地产评估的对象包括已出租的土地使用权和已出租的建筑物；持有并准备增值后转让的土地使用权；部分用于赚取租金或资本增值、部分用于生产商品、提供劳务或经营管理房地产

D. 金融工具评估的对象仅有衍生金融工具

二、多项选择题

1. 以财务报告为目的的评估是为会计的（　　）提供意见的一种专业服务。

A. 计量　　B. 核算　　C. 披露　　D. 分析

2. 在实务中，评估师识别无形资产的关键在于判断该项资产是否可辨认。对此，评估师应该进行分析，满足以下任何一个条件（　　）的，即可确认为可辨认的无形资产。

A. 向管理层了解被收购公司是否存在源自合同权利或基于法律的法定权利的无形资产

B. 与该无形资产有关的经济利益很可能流入企业

C. 考虑该无形资产是否能够从被收购公司中分离出来，并能单独或者与其他相关合同、资产或负债一起，用于出售、转移、授予许可、租赁或者交换

D. 该无形资产的成本能够可靠地计量

3. 以财务报告为目的的评估的作用包括（　　）。

A. 评估技术能够满足会计计量专业上的需求

B.评估专业行为能够为会计计量的客观性奠定基础

C.评估的独立地位能够强化公允价值的公正性

D.评估能够满足审计工作对公允价值评估的需要

4.下列各项属于我国资产评估法规中，用于以财务报告为目的的评估的有（　　）。

A.《企业会计准则第6号——无形资产》

B.《以财务报告为目的的评估指南（试行）》

C.《企业会计准则第39号——公允价值计量》

D.《投资性房地产评估指导意见》

三、判断题

1.以财务报告为目的的评估是为会计的计量、核算及披露提供专业意见。（　　）

2.以财务报告为目的评估的评估对象是财务报告中的各类资产和负债。（　　）

3.以财务报告为目的的评估业务涉及的评估对象仅有各类单项资产、负债。（　　）

4.会计中的公允价值和资产评估中的公允价值含义相同。（　　）

四、思考分析题

1.简述以财务报告为目的的评估的作用。

2.简述以财务报告为目的的评估的业务特点。

任务二　投资性房地产公允价值评估

一、单项选择题

1.在以财务报告为目的的评估业务中，投资性房地产公允价值确定的评估对象通常是（　　）。

A.权益法核算的长期股权投资的初始和后续计量

B.单项资产、资产组或资产组组合

C.已出租的土地使用权、持有并准备增值后转让的土地使用权，已出租的建筑物

D.以公允价值计量且其变动计入当期损益的金融资产或金融负债，或可供出售金

融资产

2.某项房地产，部分用于赚取租金或资本增值，部分用于生产商品、提供劳务或经营管理，其中应当确认为投资性房地产的是（　　）。

A.这两部分都可以

B.能够单独计量和出售的、用于赚取租金或资本增值的部分

C.用于生产商品、提供劳务或经营管理的部分

D.不能够单独计量和出售的、用于赚取租金或资本增值的部分

3.东方公司有一幢写字楼，属于投资性房地产。该写字楼产权年限为50年，已使用2年，位于东二环，层高18层，占地面积500平方米，用市场法评估该写字楼时，下列各项中最适合作为类似房地产的是（　　）。

A.写字楼产权年限为40年，已使用20年，位于西三环，18层，占地面积500平方米，但是公司在一份借款合同中将其作为抵押物，在偿还债务前不能被转让

B.写字楼产权年限为40年，已使用2年，位于东二环，10层，占地面积300平方米

C.写字楼产权年限为50年，已使用20年，位于东二环，18层，占地面积200平方米

D.写字楼产权年限为50年，已使用2年，位于东二环，18层，占地面积450平方米，但是公司在一份借款合同中将其作为抵押物，在偿还债务前不能被转让

4.投资性房地产公允价值评估的前提是（　　）。

A.该资产处于最佳用途　　B.该资产所处的市场是公平的

C.该资产能够产生收益　　D.该资产能够用货币计量

5.运用市场法评估投资性房地产的公允价值时，下列关于特殊市场案例是否作为可比案例的说法中，正确的是（　　）。

A.无论特殊交易对成交价格的影响是否可量化，均可作为可比案例

B.特殊交易对成交价格的影响可量化时，可以作为可比案例

C.无论特殊交易对成交价格的影响是否可量化，均不得作为可比案例

D.特殊交易对成交价格的影响不可量化时，仍作为可比案例特别披露

6.运用收益法评估投资性房地产时，关于收益期的确定，下列各项表述不正确的是（　　）。

A.土地使用权剩余年限与建筑物剩余年限一致时，收益期应为土地使用权剩余年限或者建筑物剩余年限

B.土地使用权剩余年限与建筑物剩余年限不一致时，应按照两者较长的年限确定收益期

C.如果评估的是承租人的权益价值，收益期应为剩余租赁期限

D.土地使用权剩余年限与建筑物剩余年限不一致时，应按照孰短原则确定收益期

7.采用收益法对投资性房地产公允价值进行评估时，下列表述不正确的是（　　）。

A.折现率的口径应当与收益的口径保持一致

B.折现率=风险调整值-无风险报酬率

C.无风险报酬率可选择同时期的银行一年期定期存款利率或者一年期国债利率

D.风险调整值应根据评估对象所在行业、地区、市场等存在的风险综合考虑

8.投资性房地产公允价值评估应根据会计准则的要求合理确定评估基准日，下列相关说法正确的是（　　）。

A.评估基准日可以是资产负债表日、投资性房地产转换日等

B.评估基准日必须是投资性房地产转换日

C.评估基准日必须是月初

D.评估基准日必须是资产负债表日

9.20×6年6月1日，某企业厂房建成验收，6月25日，企业董事会形成书面决议，将其自行建造的仓库出租给振华企业，租期3年，短期内不会发生变化，6月30日厂房正式交付，投资性房地产转换日是（　　）。

A.6月30日　　B.6月25日　　C.6月1日　　D.7月1日

10.假定使用收益法对企业一项投资性房地产进行评估。土地使用权到期日为2052年4月29日，剩余可使用年限为38.21年；建筑物经济耐用年限为60年，竣工时间为2015年8月，距基准日已达4年，剩余经济耐用年限为56年。确定建筑物的收益年限为（　　）。

A.4年　　B.60年　　C.56年　　D.38.21年

二、多项选择题

1.使用市场法对投资性房地产进行评估时，下列各项中属于土地实物状况调整的内容的有（　　）。

A.土地的面积　　B.形状、地形、地势

C.建筑结构　　D.开发程度

2.运用市场法评估投资性房地产公允价值时，对可比案例的比较修正或调整应符合相关规定，下列各项表述正确的有（　　）。

A.分别对可比案例成交价格修正或调整的幅度不宜超过20%

B.共同对可比案例成交价格修正或调整的幅度不宜超过30%

C.当修正幅度或比值超过相关规定时，应调整取值

D.当修正幅度或比值超过相关规定时，应重新选择可比案例

3.东方公司有一幢投资性房地产用于出租，下列租约条款中可能会影响该房地产公允价值的有（　　）。

A.出租面积　　B.约定的租金为400万元/年

C.租期为10年　　D.承租方有权提前终止租约

4.评估专业人员在执行投资性房地产公允价值评估业务时，选择恰当的评估方法应当依据的相关条件包括（　　）。

A.评估目的　　B.数据来源

C.评估对象的具体情况　　D.资料收集情况

三、判断题

1.在资产负债表日应采用成本模式对投资性房地产进行后续计量。　　（　　）

2.经营租赁是指实质上转移与资产所有权有关的全部或绝大部分风险和报酬的租赁。（　　）

3.凡是投资性房地产的后续计量应当都为公允价值模式。（　　）

4.企业将办公楼出租并提供安保工作，不确认为投资性房地产。（　　）

四、思考分析题

1.简述投资性房地产公允价值评估的前提。

2.简述投资性房地产评估对象。

任务三　服务于资产减值测试的资产评估

一、单项选择题

1.下列关于固定资产减值测试评估中，公允价值评估模型的成本及费用预测参数表述中，不正确的是（　　）。

A.销售成本仅包括生产成本

B.销售费用为市场推广及营销费用

C.管理费用为与生产经营管理相关的费用及支出

D.财务费用为利息支出

2.下列各项关于使用寿命不确定的无形资产减值测试的表述，正确的是（　　）。

A.是否进行减值测试由资产评估专业人员决定

B.是否进行减值测试由审计人员决定

C.每年都应当进行减值测试

D.无须进行减值测试

3.在资产存在减值迹象时，应当估计其可收回金额。可收回金额应当根据（　　）两者之间较高者确定。

A.资产重置成本净额和资产预计未来现金流量的现值

B.资产公允价值减去处置费用后的净额和资产预计未来现金流量的现值

C.资产公允价值减去处置费用后的净额和资产重置成本净额

D.资产公允价值与资产重置成本

4.根据资产减值准则的规定，减值测试涉及的现金流预测一般只涵盖（　　）年。

A.3　　B.5　　C.10　　D.8

5.20×6年末星辰公司在进行检查的时候发现H设备出现减值迹象，经减值测试，该资产的公允价值为580 000元，处置费用为30 000元，未来持续使用以及使用寿命结束时处置形成的现金流量的现值为660 000元，则H设备的可收回金额是（　　）元。

A.600 000　　B.580 000　　C.550 000　　D.660 000

6.20×5年12月31日，甲公司某项固定资产计提减值准备前的账面价值为1 000万元，公允价值为980万元，预计处置费用为80万元，预计未来现金流量的现值为1 050万元。20×5年12月31日，甲公司应对该项固定资产计提的减值准备为（　　）万元。

A.0　　B.20　　C.50　　D.100

二、多项选择题

1.下列各项属于资产减值迹象的有（　　）。

A.企业内部报告的证据表明资产的经济绩效已经低于或者将低于预期

B.有证据表明资产已经陈旧过时或者其实体已经损坏

C.资产的市价当期大幅度下跌，其跌幅明显高于因时间的推移或者正常使用而预计的下跌

D.资产已经或者将被闲置、终止使用

2.资产减值测试的评估对象应当与（　　）账面价值的成分保持一致。

A.资产　　B.资产组　　C.企业整体　　D.资产组组合

三、判断题

1.估计资产的可收回金额遵循“孰低原则”。（　　）

2.资产减值测试评估对象应当与资产、资产组或资产组组合账面价值的成分保持一致。（　　）

3.对于资产寿命有限的情况，需要进行资产的减值测试。（　　）

4.估计资产预计未来现金流量的现值时通常采用市场法。（　　）

5.估算预计未来现金流量现值应该基于税后基础进行。（　　）

四、思考分析题

1.简述资产减值测试评估中的价值类型选择。

2. 简述资产减值测试评估的对象。

五、综合训练题

因市场需求波动较大，某生产企业最近3年出现间歇性亏损，其拥有的生产线工艺技术水平与目前同类主流生产线技术水平存在一定差距，企业认为该生产线存在减值可能，委托中青资产评估公司对该生产线进行评估，为企业减值测试工作提供参考依据。评估基准日为2021年12月31日。

该生产线评估基准日的账面价值为6 830万元，资产评估专业人员未查询到该生产线的销售协议价格和市场价格，也没有发现类似生产线的最近交易价格，无法可靠估计该生产线的公允价值减去处置费用后的净额，资产评估专业人员与企业沟通后决定采用收益法估算其公允价值。资产评估专业人员对企业提供的预测资料进行了分析，确定未来5年即2022年、2023年、2024年、2025年、2026年的净现金流量分别为403.56万元、450.36万元、488.39万元、522.33万元、525.88万元，资产评估专业人员了解到，从2022年到2026年企业每年追加资金进行设备改造，从2027年起，净现金流量增长率将维持在2%的水平上，在生产线主要设备的剩余经济寿命内，生产线按评估基准日状况继续使用，不考虑改良等因素，测算未来5年收益现值与第5年末生产线变现价值的现值之和得出该生产线的使用价值为6 035万元。

无风险报酬率为5%，行业β系数为1.5，市场风险报酬率为4%。平均债务资本成本为6%。该企业的平均债务/股东权益为4∶6。

要求：

（1）计算该生产线的加权平均资本成本。

（2）计算该企业生产线的公允价值。

（3）分析确定该生产线的可收回金额。

（4）分析判断该生产线是否减值？如果存在减值，计算减值额。

任务四　服务于企业合并对价分摊的资产评估

一、单项选择题

1. 无论是否存在减值迹象，每年应当进行减值测试的是（　　）。

A. 长期股权投资　　B. 投资性房地产

C. 工程物资　　D. 企业合并形成的商誉

2. 甲公司以8亿元现金收购非同一控制下乙公司100%股权，无其他交易费用。乙公司账面净资产为2亿元，可辨认资产增值共4亿元，负债无增减值，乙公司适用的所得税税率为25%，甲公司合并报表因本次收购确认的商誉为（　　）亿元。

A.0　　B.1.5　　C.2　　D.3

3. 下列各项关于递延所得税的表述，不正确的是（　　）。

A. 所确认的递延所得税资产或递延所得税负债的金额应折现

B. 所确认的递延所得税资产或递延所得税负债的金额不应折现

C. 递延所得税包括递延所得税资产和递延所得税负债

D. 对于被购买方在企业合并之前已经确认的商誉和递延所得税项目，购买方在分配企业合并成本、汇总可辨认资产和负债时不应予以考虑

4. 合并对价分摊评估对象应是合并中取得的被购买方名下可辨认资产、负债及或有负债，下列各项中，可作为企业合并对价分摊评估对象的是（　　）。

A. 客户服务能力　　B. 货物订单

C. 受保密条款限制的客户信息　　D. 消费者基础

5. 下列各项关于企业合并的表述，不正确的是（　　）。

A. 企业合并是指将两家或两家以上单独的企业合并形成一个报告主体的交易或事项

B. 非同一控制下的企业合并，是指参与合并的各方在合并前后不受同一方或相同的多方最终控制

C. 合并对价分摊是指符合企业合并准则的同一控制下的企业合并的成本在取得的可辨认资产、负债及或有负债之间的分配

D. 购买方对合并成本大于合并中取得的被购买方可辨认净资产公允价值份额的差额，应当确认为商誉

6. 购买方对合并成本大于合并中取得的被购买方可辨认净资产公允价值份额的差额，应当确认为（　　）。

A. 商誉　　B. 公允价值溢价　　C. 增值　　D. 营业外收入

7. 企业合并对价分摊评估中，对于房屋建筑物的评估，不正确的是（　　）。

A. 存在活跃市场的，以购买日的市场价格确定其公允价值

B. 本身不存在活跃市场，但同类或类似房屋建筑物存在活跃市场的，参照同类或类似房屋建筑物的市场价格确定其公允价值

C. 无法取得有关市场信息的，可以按照重置成本法确定公允价值

D. 无法取得有关市场信息的，按照账面价值确定评估值

8. 企业合并对价分摊评估中的评估对象不包括（　　）。

A. 可辨认资产　　B. 企业股东的部分权益价值

C. 负债　　D. 或有负债

二、多项选择题

1. 在企业合并对价分摊评估时，用增量收益法评估无形资产，无形资产所带来的增

量现金流可能体现在（　　）。

A.效率的提高　　B.品质的提高

C.溢价　　D.成本的节省

2.下列各项属于企业合并对价分摊评估第一阶段即分析阶段工作内容的有（　　）。

A.与管理层进行深入沟通，充分了解收购方对此次交易拟达到的目标，即交易目的

B.收集各类相关资料，主要包括股权转让协议、董事会决议、公司对该交易的信息披露、被收购企业历史财务数据以及与收购相关的尽职调查报告等

C.对收集的资料进行分析，了解被收购公司在收购日的经营状况及其资产负债状况

D.确定合并成本

3.在合并对价分摊评估中，运用收益法评估无形资产时，常用的具体方法包括（　　）。

A.增量收益法　　B.许可费节省法

C.净资产折现法　　D.超额收益法

三、判断题

1.我国的企业合并准则将企业合并划分为两大类型——同一控制下的企业合并与非同一控制下的企业合并。（　　）

2.非同一控制下的企业合并不涉及合并对价分摊。（　　）

3.所谓或有负债，是指过去的交易或事项形成的潜在义务。（　　）

4.货币资金按照购买日被购买方的账面余额确定。（　　）

5.报告主体与会计主体实际上是一致的。（　　）

6.在合并对价分摊评估中，成本法是无形资产评估最常用的方法。（　　）

四、思考分析题

1.简述企业合并对价分摊评估的评估对象。

2.简述无形资产的评估方法。

任务五　服务于金融工具计量的公允价值评估

一、单项选择题

1. 下列各项不属于基础金融工具的是（　　）。

A. 其他应付款　　B. 应付债券　　C. 客户存款　　D. 期权

2. 下列各项关于金融工具公允价值评估的表述，错误的是（　　）。

A. 浮动利率金融负债通常根据市场报价确定公允价值

B. 存在活跃市场的期权通常按照活跃市场的报价确定公允价值

C. 固定利率金融负债通常根据未来现金流的现值确定公允价值

D. 员工持股计划通常采用期权定价模型估算公允价值

3. 根据企业合并准则应用指南，确定有形资产和负债的公允价值时，下列各项的表述错误的是（　　）。

A. 有活跃市场的股票、债券和基金等金融工具，按照购买日活跃市场中的市场价值确定

B. 不存在活跃市场的金融工具，应当参照《企业会计准则第22号——金融工具确认和计量》等，采用适当的估值技术确定其公允价值

C. 货币资金按照购买日被购买方的账面余额确定

D. 取得的被购买方的或有负债，应单独确认为预计负债

4. 下列各项关于固定利率金融负债评估方法的表述，不正确的是（　　）。

A. 固定利率金融负债的公允价值通常采用未来现金流折现法确定

B. 固定利率金融负债的公允价值与浮动利率金融负债的公允价值评估对现金流的确认采用相同的方法

C. 在确定未来现金流时，可参考待估金融工具的合同条款

D. 确定折现率时，可根据待估金融工具的合同条款和实质特征，采用市场上其他金融工具的市场收益率作为折现率

5. 下列各项关于金融工具的表述，错误的是（　　）。

A. 金融工具又称交易工具，是证明债权债务关系并据以进行货币资金交易的合法凭证，是货币资金或金融资产借以转让的工具

B. 企业初始确认金融资产或金融负债，应当按照账面价值计量

C. 现金类金融工具分为证券类和其他现金类（如贷款、存款）

D. 衍生类金融工具分为交易所交易的金融衍生品和柜台（OTC）金融衍生品

二、多项选择题

1. 衍生金融工具具有的特征有（　　）。

A. 价值随特定利率、金融价格、商品价格、汇率、价格指数、费率指数、信用等

级、信用指数或其他类似变量的变动而变动

B.不要求初始净投资，或与对市场情况变动有类似反映的其他类型合同相比，要求很少的初始净投资

C.在未来某一日期结算

D.经常是独立存在的

2.下列各项关于金融工具的分类的表述，正确的有（　　）。

A.贷款属于现金类金融工具

B.存款属于现金类金融工具

C.证券属于衍生类金融工具

D.衍生类金融工具可分为交易所交易的金融衍生品和柜台金融衍生品

三、判断题

1.企业初始确认金融资产或金融负债时，应当按照公允价值计量。（　　）

2.衍生工具包括远期合同、期货合同、互换和期权，以及具有远期合同、期货合同、互换和期权中一种或一种以上特征的工具。（　　）

3.通常签订某项衍生工具合同时需要支付现金或现金等价物。（　　）

4.“在某一日期结算”就是指在未来某一日期进行一次结算。（　　）

四、思考分析题

1.简述主要金融工具的评估方法。

2.简述金融工具计量评估的评估对象。

任务六　以财务报告为目的的评估的评估报告

一、单项选择题

1.对资产评估报告的编制内容和编制要求作出规定的规则是（　　）。

A.《资产评估准则——评估报告》　B.《资产评估准则——评估程序》

C.《以财务报告为目的的评估指南》　D.《专业评估执业统一准则》

2.对以财务报告为目的的评估报告的特别要求，下列各项表述错误的是（　　）。

A. 当以财务报告为目的的评估的评估程序或条件受到限制时，不得出具评估报告

B. 由于会计准则和相关法规的修改导致在执行以财务报告为目的的评估业务时无法完全遵守《以财务报告为目的的评估指南》的规定的，注册资产评估师应当在评估报告中进行说明

C. 评估中采用的评估方法要前后一致，无论什么情况都不能出现前后不一致的情况

D. 注册资产评估师在评估的时候要充分与企业和执行审计业务的注册会计师沟通，明确评估业务基本事项并充分理解会计准则或相关的会计核算、披露的具体要求

二、多项选择题

1. 除了《资产评估准则——评估报告》规定的各项披露基本内容之外，以财务报告为目的的评估报告还应当重点披露的内容有（　　）。

A. 对评估对象的具体描述

B. 评估方法的选择过程和依据

C. 价值类型的定义及其与会计准则或相关会计核算、披露要求的对应关系

D. 关键性假设及前提

2. 以财务报告为目的的评估是为会计（　　）提供专业意见。

A. 报账　　B. 核算　　C. 披露　　D. 计量

3. 相对于其他传统评估业务，在以财务报告为目的的评估业务中，下列评估事项的确定会受到其他会计计量特定要求影响的有（　　）。

A. 评估方法　　B. 价值类型　　C. 评估对象　　D. 评估基准日

三、判断题

1. 以财务报告为目的的评估的价值类型是公允价值（这个概念和资产评估中的概念内涵不同）或特定价值。（　　）

2. 以财务报告为目的的评估业务涉及的评估对象不仅有各类单项资产、负债，也有资产组或资产组组合。（　　）

四、思考分析题

1. 简述以财务报告为目的的评估报告的重点披露内容。

2. 简述以财务报告为目的的评估报告及其特点。

项目十三

资产评估报告与档案

任务一　资产评估报告的基本概念及制度

一、单项选择题

1. 下列各项中，从基本遵循、报告内容、出具要求等方面对评估报告进行规范的是（　　）。

A.《资产评估执业准则——资产评估报告》

B.《资产评估法》

C.《企业国有资产评估报告指南》

D.《金融企业国有资产评估报告指南》

2. 下列各项关于评估报告分类的表述，正确的是（　　）。

A. 按资产评估对象，资产评估报告可分为整体资产评估报告和单项资产评估报告

B. 评估报告、限制性评估报告的区别在于所提供内容和信息的详略程度

C. 整体资产评估报告一般不考虑负债

D. 评估基准日为未来时点的评估报告为预测性评估报告

3. 甲公司以A资产作为抵押向乙银行申请贷款，乙银行想了解A资产在2年后某一时点的市场价值，委托中青资产评估公司进行评估，此时出具的评估报告是（　　）。

A. 追溯性评估报告　　B. 限制性评估报告

C. 现时性评估报告　　D. 预测性评估报告

4. 评估报告、限制性评估报告的根本区别在于（　　）。

A. 所提供信息的详略程度的不同　　B. 法律定位不同

C. 评估对象不同　　D. 评估基准日不同

5. 资产评估报告封面上标示的内容不包括（　　）。

A. 文号　　B. 册数

C. 目录　　D. 资产评估报告日

6. 资产评估报告的标题格式要求，一般为（　　）的形式。

A. 企业名称+评估对象+经济行为关键词+资产评估报告

B. 企业名称+经济行为关键词+评估对象+资产评估报告

C. 经济行为关键词+评估对象+企业名称+资产评估报告

D. 企业名称+资产评估报告+经济行为关键词+评估对象

7. 下列各项不属于资产评估报告文号格式要求的是（　　）。

A. 报告序号　　B. 文号说明

C. 评估机构特征字　　D. 种类特征字

8. 下列各项不属于资产评估报告声明部分的内容是（　　）。

A. 资产评估报告依据财政部发布的资产评估基本准则与中国资产评估协会发布的资产评估执业准则和职业道德准则编制

B.资产评估报告使用人应当正确理解和使用资产评估结论

C.委托人或者其他资产评估报告使用人应当按照法律、行政法规的规定和资产评估报告载明的使用范围使用资产评估报告

D.资产评估报告所使用的评估方法和价值类型符合相关资产评估执业准则的要求

9.一般情况下，只有当评估基准日与经济行为实现日相距不超过（　　）时，才可以使用资产评估报告。

A.一年　　B.二年　　C.三年　　D.半年

10.下列各项关于资产评估报告的表述，错误的是（　　）。

A.资产评估报告应当按照一定格式和内容进行编写，反映评估目的、假设、程序、标准依据、方法、结果及适用条件等基本信息

B.资产评估报告应当使用中文撰写，需要同时出具外文资产评估报告的，以中文资产评估报告为准

C.评估结论反映评估基准日的价值判断，仅在评估基准日成立

D.资产评估报告载明的资产评估报告日是签署资产评估报告的日期

11.下列各项关于资产评估结论使用有效期的表述，不正确的是（　　）。

A.资产评估报告应当明确评估结论的使用有效期

B.若资产状况发生重大变化，但评估基准日至经济行为发生日不到一年，则评估结论仍然可以使用

C.若超过评估结论使用有效期限，该评估结论很可能不能反映经济行为发生日的真实情况

D.对于现时性资产评估业务，通常评估基准日与经济行为实现日相距不超过一年时，才可以使用资产评估报告

12.下列各项关于资产评估报告基本内容的表述，不正确的是（　　）。

A.资产评估报告标题一般采用“经济行为关键词+企业名称+评估对象+资产评估报告”的形式

B.资产评估报告文号包括资产评估机构特征字、种类特征字、年份、报告序号

C.资产评估报告的目录应当包括每一部分的标题和相应页码

D.只有符合资产评估报告定义的才能以“评估报告”为标题出具资产评估报告

二、多项选择题

1.下列各项关于评估报告分类的表述，正确的有（　　）。

A.按照国有资产监管要求出具的资产评估报告为国有资产业务评估报告，其他报告为非国有资产业务评估报告

B.评估报告、限制性评估报告的区别在于评估报告的用途不同

C.国资报告和非国资报告并非简单按评估对象的产权归属是否为国有进行划分

D.一般情况下，整体资产评估报告的报告内容不仅包括资产，也包括负债和股东权益（所有者权益）

2.评估报告可以从不同角度进行分类，根据评估基准日的不同选择，可以分

为（　）。

A.现时性评估报告　　B.完整性评估报告

C.追溯性评估报告　　D.预测性评估报告

3.下列各项关于评估报告基本要求的表述，正确的有（　　）。

A.资产评估报告应当由至少两名承办该项业务的资产评估专业人员签名并加盖资产评估机构印章

B.资产评估报告应当使用中文撰写，需要同时出具外文资产评估报告的，以中文资产评估报告为准

C.评估结论反映评估基准日的价值判断，仅在评估基准日成立，所以资产评估报告应当明确评估结论的使用有效期

D.对于现时性资产评估业务，通常只有当评估基准日与经济行为实现日相距不超过半年时，才可以使用资产评估报告

4.下列各项关于资产评估报告声明内容的表述，正确的有（　　）。

A.委托人或者其他资产评估报告使用人应当按照法律、行政法规规定和资产评估报告载明的使用范围使用资产评估报告

B.委托人或者其他资产评估报告使用人违反规定使用资产评估报告的，资产评估机构及其资产评估专业人员将酌情承担连带责任

C.资产评估报告仅供委托人、资产评估委托合同中约定的其他资产评估报告使用人和法律、行政法规规定的资产评估报告使用人使用

D.资产评估报告使用人应当正确理解评估结论，评估结论不等同于评估对象可实现价格，评估结论不应当被认为是对评估对象可实现价格的保证

5.资产评估报告应当说明所选用的评估方法名称、定义及选择理由。资产评估专业人员在披露评估方法的选择理由时要注意影响评估方法选用的因素包括（　　）。

A.评估方法的选择与评估目的、评估时的市场条件、评估对象的具体状况，以及由此所决定的资产评估价值类型的适应性

B.各种评估方法运用所需的数据资料及主要经济技术参数的收集条件对选择评估方法的制约

C.评估方法运用的条件和程序要求对选择评估方法的约束

D.在选择评估方法时，应充分考虑委托人对评估结果的要求

6.资产评估报告摘要通常提供资产评估业务的主要信息及评估结论。下列各项属于资产评估报告摘要披露的内容的有（　　）。

A.评估目的　　B.价值类型　　C.评估结论　　D.评估假设

7.通常情况下，委托人和其他相关当事人的承诺函应当承诺的内容有（　　）。

A.资产评估所对应的经济行为符合国家规定

B.资产评估目的符合有关法律、行政法规的要求

C.不干预评估机构和评估人员独立、客观、公正地执业

D.纳入资产评估范围的资产与经济行为涉及的资产范围一致，不重复、不遗漏

8.下列各项关于资产评估报告基本内容的表述，正确的有（　　）。

A. 资产评估报告封面的左上方标示“本资产评估报告依据中国资产评估准则编制”

B. 评估报告目录应当包括每一部分的标题和相应页码

C. 对不同方法的评估结果只能采用算术平均或加权平均等数学方法综合得出评估结论

D. 资产评估报告应当披露所使用的资产评估假设

9. 根据《资产评估执业准则——资产评估报告》，资产评估报告正文包括（　　）。

A. 价值类型　　B. 资产评估报告日

C. 评估报告声明　　D. 特别事项说明

10. 根据《资产评估执业准则——资产评估报告》，属于资产评估报告主要内容的有（　　）。

A. 摘要　　B. 正文　　C. 目录　　D. 附件

三、判断题

1. 如果程序受限对评估结论产生重大影响或者无法判断其影响程度的，不应出具资产评估报告。（　　）

2. 对于现时性资产评估业务，只要评估基准日与经济行为实现日相距不超过一年时，无论市场条件或资产状况发生什么样的重大变化都可以使用资产评估报告。（　　）

3. 资产评估报告一般以人民币为计量币种，使用其他币种计量的，应当注明该币种在评估基准日与人民币的汇率。（　　）

4. 编制资产评估报告时，资产评估机构及其资产评估专业人员对其遵守法律、行政法规和资产评估准则，坚持独立、客观和公正的原则，并对所出具的资产评估报告依法承担责任无须进行声明。（　　）

5. 通常情况下，委托人和其他相关当事人的承诺函应当对及时支付评估费用进行承诺。（　　）

四、思考分析题

1. 什么是资产评估报告？如何进行分类？

2. 简要说明资产评估报告编写的基本要求。

3. 简要说明资产评估报告的基本内容。

4. 简要说明资产评估报告声明包含的内容。

任务二　国有资产评估报告的基本内容

一、单项选择题

1. 根据《企业国有资产评估报告指南》和《金融企业国有资产评估报告指南》，国有资产评估报告应声明（　　）。

A. 本资产评估报告依据财政部发布的资产评估法和中国资产评估协会发布的资产评估基本准则和职业道德准则编制

B. 本资产评估报告依据财政部发布的资产评估基本准则和中国资产评估协会发布的资产评估具体准则和职业道德准则编制

C. 本资产评估报告依据财政部发布的资产评估基本准则和中国资产评估协会发布的资产评估执业准则和职业道德准则编制

D. 本资产评估报告依据财政部发布的资产评估执业准则和中国资产评估协会发布的资产评估基本准则和职业道德准则编制

2. 下列各项关于国有资产评估报告制作要求的表述，错误的是（　　）。

A. 资产评估报告标题及文号一般在封面上方居中位置

B. 评估说明和评估明细表一般分别独立成册

C. 资产评估报告一般分册装订，各册应当统一编制目录

D. 资产评估报告封底或者其他适当位置应当标注资产评估机构名称等

3. 国有资产产权登记证书、投资人出资权益的证明等文件属于（　　）。

A. 法律法规依据　　B. 权属依据

C. 取价依据　　D. 评估准则依据

4. 国有资产评估中，下列各项属于经济行为依据中有效批复文件的是（　　）。

A. 人民法院破产公告

B. 国有资产监督管理机构签发的经济行为批准文件

C.资产转让、置换合同协议

D.国有企业涉及经济行为决策的党组会议纪要

5.国有资产评估报告，其编制出具的依据不包括（　　）。

A.《金融企业国有资产评估报告指南》

B.《资产评估执业准则——资产评估报告》

C.《关于资产评估报告书的规范意见》

D.《企业国有资产评估报告指南》

6.下列各项关于国有资产评估报告的评估说明要求的表述，正确的是（　　）。

A.关于评估说明使用范围的声明，应当写明评估说明使用单位或部门的范围及限制条款

B.资产评估机构及其专业人员编写《企业关于进行资产评估有关事项的说明》

C.评估对象与评估范围说明应当根据现场调查的不同情况确定内容的详略程度

D.对于不能采用现场调查方式直接核实的资产，应当说明委托人的具体承诺

7.资产评估报告应当说明评估程序受到的限制、评估特殊处理、评估结论等特别事项，以及期后事项，国有资产评估报告应当重点关注的内容不包括（　　）。

A.权属资料不全面或者存在疵瑕的情形

B.评估基准日存在的法律、经济等未决事项

C.引用其他机构报告附件的要求

D.评估基准日至资产评估报告日之间可能对评估结论产生影响的事项

8.国有资产评估报告附件中不包括的内容是（　　）。

A.被评估单位专项审计报告

B.签名资产评估师的承诺函

C.资产评估师资格证书

D.资产评估机构法人营业执照副本

9.根据《企业国有资产评估报告指南》，下列各项关于评估结论的表述，错误是（　　）。

A.评估结论采用区间值的，应当在区间之内确定一个最大可能值，并说明确定依据

B.采用两种以上方法进行企业价值评估的，除单独说明评估价值和增减变动幅度外，还应当说明两种以上评估方法结果的差异及其原因和最终确定评估结论的理由

C.境外企业国有资产评估报告的评估结论不可以用区间值表达，评估结论应是确定的数值

D.单项资产或者资产组组合评估，应当以文字形式说明账面价值、评估价值及其增减幅度

二、多项选择题

1.国有资产评估报告主要包括（　　）。

A.企业国有资产评估报告　　B.文化企业国有资产评估报告

C.金融企业国有资产评估报告　　D.行政事业单位国有资产评估报告

2.对国有资产评估报告提出的特别事项披露内容包括（　　）。

A.引用其他机构出具报告的结论

B.关于担保、租赁及其或有负债（或有资产）事项

C.资产评估对特别事项的处理方式对评估结论的影响

D.关于经济行为本身对评估结论的影响

3.国有资产评估报告中应列明的经济行为依据包括（　　）。

A.无效批复文件及驳回理由　　B.有效申请文件

C.有效批复文件　　D.其他文件资料

4.下列各项属于国有资产评估业务要求的与本次评估业务所对应的经济行为依据的有（　　）。

A.资产转让、置换合同协议

B.发明专利证书

C.人民法院破产公告

D.国有企业涉及经济行为决策的党组会议纪要

5.下列各项有关评估报告内容的要求中，属于对国有资产评估报告的特殊要求的有（　　）。

A.企业价值评估报告的附件中应当包括被评估单位的专项审计报告

B.评估报告应当包括经济行为依据

C.如果评估项目中存在企业交叉持股的现象，资产评估报告应当列示交叉持股图，并简述交叉持股关系是否属于同一控制情形

D.评估报告载明的评估目的应当唯一

6.下列各项关于国有资产评估报告特殊要求的表述，正确的有（　　）。

A.国有资产评估报告应当包括声明部分，其他资产评估报告无此要求

B.国有资产评估报告要求在附件中附有资产评估委托合同，其他资产评估报告无此要求

C.国有资产评估报告应当包括资产评估说明，其他资产评估报告无此要求

D.国有资产评估报告要求在附件中附有被评估单位的专项审计报告，其他资产评估报告无此要求

7.下列各项关于国有资产评估报告评估说明的表述，正确的有（　　）。

A.关于评估说明使用范围的声明，应当写明评估说明使用单位或部门的范围及限制条款

B.评估对象与评估范围说明应当根据企业价值评估、单项资产或者资产组组合评估的不同情况确定内容的详略程度

C.按照规定，《企业关于进行资产评估有关事项的说明》应当由委托人独立编写

D.资产核实总体情况说明通常包括人员组织、实施时间、核实过程、影响事项及处理方法、核实结论

8.下列各项作为国有资产评估报告附件的有（　　）。

A.委托人、被评估单位和资产评估委托合同约定的其他资产评估报告使用人概况

B.与评估目的相对应的经济行为文件

C.签名资产评估师的承诺函

D.资产评估委托合同

三、判断题

1.“企业进行与资产评估相应的经济行为时，应当以经批准或备案的资产评估结论为作价依据，当交易价格低于评估结论的90%时，应当暂停交易，在获得原经济行为批准机关同意后方可继续交易”，这是《企业国有资产评估管理暂行办法》的规定。（　　）

2.对国有资产评估报告特别提出的特别事项披露内容包括评估基准日后重大期后事项对评估结论的影响。（　　）

3.国有资产监督部门发布的涉及国有资产及评估的有关规定是国有资产评估业务的经济行为依据。（　　）

4.国有资产评估报告的制作要求评估明细表一般按会计科目顺序装订。（　　）

5.在国有资产评估报告中，声明、摘要和评估明细表上通常不需要另行签名盖章。（　　）

6.编写国有资产评估报告摘要时，对影响评估结论的特别事项，要将评估报告正文的“特殊事项说明”的内容全部进行反映。（　　）

四、思考分析题

1.简要说明国有资产评估报告中对摘要的特殊要求。

2.简要说明对国有资产评估报告特别提出的特别事项披露内容。

3.简要说明国有资产评估报告所附资产、负债会计科目的评估明细表格式和内容基本要求。

任务三　资产评估报告的编制和使用

一、单项选择题

1. 下列各项不仅是企业申请备案核准的必报资料之一，而且是评估工作基础依据的是（　　）。

A. 资产负债表　　B. 审计报告

C. 资产评估报告　　D. 现金流量表

2. 下列各项是判定一份评估报告是否提供了必要的信息标准的是（　　）。

A. 评估报告提供的信息是否真实

B. 评估报告提供的信息是否充分

C. 评估报告使用人在阅读评估报告后能否对评估结论有正确的理解

D. 评估报告的内容是否得当

3. 下列各项关于资产评估报告正文中的特别事项及其说明的表述，错误的是（　　）。

A. 资产评估报告应当对特别事项进行说明，并重点提示评估报告使用人对其予以关注

B. 资产评估专业人员在评估过程中发现评估对象存在产权瑕疵，应当说明法律权属瑕疵的事实及其对评估结论合理性可能的影响

C. 应当说明评估程序受限的有关情况、评估机构采取的弥补措施及对评估结论影响的情况

D. 特别事项是指在未确定评估结论的前提下，资产评估专业人员在评估过程中已发现可能影响评估结论，但非执业水平和能力所能评定估算的有关事项

4. 某资产评估基准日为2020年12月31日，资产评估现场调查完成日为2021年1月11日，资产评估报告日为2021年2月12日。假设发生下列事项，应当在资产评估报告中作为期后事项披露的是（　　）。

A. 2021年2月18日中国人民银行调整存贷款利率政策

B. 2020年12月15日被评估单位处置大笔应收账款

C. 2021年2月8日因新冠疫情影响被评估单位大批存货变质

D. 2021年3月1日被评估单位所享受的所得税优惠政策发生变化

5. 下列关于评估报告的基本要求的表述，错误的是（　　）。

A. 评估报告作为一个具有法律意义的文件，用语必须清晰、准确，不应有意或无意地使用存在歧义或误导性的表述

B. 判定一份评估报告是否包括了必要的信息，要看评估报告使用人在阅读评估报告后能否对评估结论有正确的理解

C. 资产评估报告的详略程度应当根据评估对象的复杂程度、委托人的合理需求来

确定

D.如果程序受限对评估结论产生重大影响或者无法判断其影响程度的，可以出具资产评估报告，但是需要说明情况

6.下列各项关于资产评估报告使用人的表述，错误的是（　　）。

A.评估报告使用人不可以是具体的个人

B.评估委托合同约定的报告使用者均可作为评估报告使用人

C.法律法规规定的报告使用者应当是评估报告使用人

D.资产评估委托合同应当明确资产评估报告使用人

二、多项选择题

1.在评估报告中，评估报告的使用范围（评估报告限制使用）通常应明确的事项包括（　　）。

A.评估报告只能用于评估报告载明的评估目的和用途

B.评估报告只能由评估报告载明的评估报告使用者使用

C.除法律规定及相关当事方另有约定外，未征得出具评估报告的评估机构同意，评估报告的内容不得被摘抄、引用或披露于公开媒体

D.评估报告在载明的结论使用有效期内使用

2.下列各项关于资产评估报告的表述，符合评估报告基本要求的有（　　）。

A.评估对象股票的评估值在10~10.5元/股之间

B.评估对象机器设备的评估值在10万元左右

C.本资产评估报告仅供委托人、资产评估委托合同中约定的其他资产评估报告使用人和委托人认可的资产评估报告使用人使用，除此之外，其他任何机构和个人不能成为资产评估报告的使用人

D.委托人和其他相关当事人依法对其提供资料的真实性、完整性、合法性负责

3.资产评估报告应当按照一定格式和内容进行编写，反映的基本信息包括（　　）。

A.评估目的　　　　B.执行评估的人员

C.评估依据　　　　D.评估结果

三、判断题

1.委托人或者评估报告使用人按照评估报告载明的使用范围使用评估报告，是履行评估委托合同确定义务的具体表现。（　　）

2.资产评估专业人员执行资产评估业务受到限制无法实施完整的评估程序时，不需要在评估报告中明确披露受到的限制、无法履行的评估程序和采取的替代措施。（　　）

3.工作底稿必须如实反映和记录评估全过程。（　　）

4.评估假设是资产评估报告应反映的一项基本信息。（　　）

四、思考分析题

1. 说明编制资产评估报告的步骤。

2. 编制资产评估报告的技术要点有哪些？

3. 在评估报告中，评估报告的使用范围（评估报告限制使用）作为其中一个内容，通常应明确哪些事项？

五、综合训练题

中青资产评估公司出具的资产评估报告（摘要）如下：

红河电子股份有限公司拟转让股权资产评估报告（摘要）

中青评报字〔2022〕第03号

摘要

中青资产评估有限公司接受红河电子股份有限公司的委托，就红河电子股份有限公司拟转让其持有的红菱科技有限公司股权之经济行为，对所涉及的红菱科技有限公司股东全部权益在评估基准日的市场价值进行了评估。

评估对象为红菱科技有限公司股东权益，评估范围是红菱科技有限公司的全部资产。评估基准日为2021年12月31日。本次评估的价值类型为市场价值。

本次评估以持续使用和公开市场为前提，结合委估对象的实际情况，综合考虑各种影响因素及评估方法的适用前提和满足评估目的，采用收益法及资产基础法两种方法对红菱科技有限公司进行整体评估，然后加以核对比较。考虑评估方法的适用前提和满足评估目的，本次选用收益法评估结果作为最终评估结论。

经实施清查核实、实地查勘、市场调查和询证、评定估算等评估程序，得出红菱科技有限公司股东全部权益在2022年12月31日的评估结论如下：

净资产账面价值3 247 587万元，评估后股东全部权益价值35 678.69万元，评估增值235 526万元，增值率7.34%。

根据国有资产评估管理的相关规定，资产评估报告须经备案后使用，评估结果使用有效期半年。

在使用本评估结论时，特别提请报告使用者使用本报告时注意报告中所载明的特殊事项以及期后重大事项。

以上内容摘自资产评估报告正文，欲了解本评估项目的详细情况和合理理解评估结论应当阅读资产评估报告全文。

要求：请根据上述资料，指出该资产评估报告摘要中的不恰当之处，并说明理由。

任务四　资产评估档案的概念与内容

一、单项选择题

1. 下列各项关于资产评估档案及作用的表述，错误的是（　　）。
   A. 资产评估档案包括工作底稿、资产评估报告及其他相关资料
   B. 工作底稿要反映资产评估专业人员评估程序实施情况
   C. 纳入资产评估档案的资产评估报告应当是正式资产评估报告
   D. 工作底稿是判断一个评估项目是否执行了评估基本程序的主要依据
2. 下列各项关于资产评估档案的表述，错误的是（　　）。
   A. 按照工作底稿的内容，工作底稿可以分为纸质文档、电子文档或者其他介质形式的文档
   B. 资产评估档案，是指资产评估机构开展资产评估业务形成的，反映资产评估程序实施情况、支持评估结论的工作底稿、资产评估报告及其他相关资料
   C. 管理类工作底稿是指在执行资产评估业务过程中，为受理、计划、控制和管理资产评估业务所形成的工作记录及相关资料
   D. 操作类工作底稿是指在履行现场调查、收集评估资料和评定估算程序时所形成的工作记录及相关资料
3. 下列各项属于管理类工作底稿的是（　　）。
   A. 资产评估报告的审核意见　　B. 房屋产权证明文件
   C. 现场勘查记录　　D. 评定估算过程记录
4. 下列各项属于操作类工作底稿的是（　　）。
   A. 评估结论形成过程的记录　　B. 评估项目的风险评价记录
   C. 资产评估计划的调整记录　　D. 资产评估业务基本事项的记录
5. 下列各项属于操作类工作底稿中评定估算过程记录的是（　　）。
   A. 询价记录
   B. 与委托人或者其他相关当事人的沟通记录
   C. 资产评估业务基本事项的记录

D.函证记录

6.在编制工作底稿的过程中，下列各项不属于应当遵守工作底稿编制和管理涉及的法律、行政法规的是（　　）。

A.《资产评估基本准则》　　B.《国有资产评估管理若干问题的规定》

C.《国有资产评估管理办法》　　D.《资产评估法》

7.在收益法资产评估工作底稿中，下列各项不属于资产评估专业人员应在工作底稿中反映的内容是（　　）。

A.对企业财务指标进行分析的过程

B.合理确定资本化率或折现率的过程

C.资产评估专业人员对流动性和控制权对评估对象价值影响的处理情况

D.对企业未来经济状况和收益状况进行的分析、判断和调整过程

8.在市场法资产评估工作底稿中，资产评估专业人员应在工作底稿中反映的内容包括（　　）。

A.对企业财务指标进行分析的过程

B.市场交易案例与被评估企业具有可比性的资料

C.被评估企业拥有的有形资产、无形资产以及应当承担的负债

D.合理确定资本化率或折现率的过程

二、多项选择题

1.下列各项关于资产评估档案的类型的表述，正确的有（　　）。

A.按照工作底稿的内容，工作底稿可以分为管理类工作底稿和操作类工作底稿

B.操作类工作底稿是指在执行资产评估业务过程中，为受理、计划、控制和管理资产评估业务所形成的工作记录及相关资料

C.按照工作底稿的载体，工作底稿可以分为纸质文档、电子文档或者其他介质形式的文档

D.同时以纸质和其他介质形式保存的文档，其内容应当相互匹配，不一致的以纸质文档为准

2.资产评估工作底稿一般分为（　　）。

A.管理类工作底稿　　B.会计类工作底稿

C.操作类工作底稿　　D.审计类工作底稿

3.按工作底稿的载体进行分类，资产评估工作底稿可以分为（　　）。

A.纸质文档　　B.管理类工作底稿

C.其他介质形式的文档　　D.电子文档

4.下列各项属于管理类工作底稿的有（　　）。

A.资产评估报告的审核意见

B.设备询价记录

C.资产评估计划

D.资产评估业务执行过程中重大问题处理记录

5. 下列各项关于工作底稿编制要求的表述，正确的有（　　）。

A. 应当遵守法律、行政法规和资产评估准则

B. 在工作底稿的编制过程中，需要经过必要的审核程序，包括对文字、数字、计算过程等内容的审核

C. 应当真实完整、重点突出、记录清晰

D. 资产评估专业人员应当根据评估业务特点和工作底稿类别，编制工作底稿目录，建立必要的索引号，以反映工作底稿间的钩稽关系

6. 工作底稿应当记录清晰。下列各项能够反映记录清晰要求的有（　　）。

A. 记录不可以简略　　B. 记录不能有遗漏

C. 记录内容要清晰　　D. 记录字迹要清晰

7. 下列各项关于工作底稿的表述，正确的有（　　）。

A. 工作底稿必须支持评估结论

B. 工作底稿记录内容要清晰，记录字迹要清晰

C. 工作底稿应当真实完整，所有资产的现场调查、评定估算均不可以简略

D. 工作底稿应当真实完整地反映评估全过程

三、判断题

1. 管理类工作底稿是指在履行现场调查、收集评估资料和评定估算程序时所形成的工作记录及相关资料。（　　）

2. 现场调查记录与相关资料属于管理类工作底稿。（　　）

3. 资产评估专业人员收集委托人和相关当事人提供的重要资料作为工作底稿，应当由评估专业人员对相关资料进行确认。（　　）

4. 资产评估业务基本事项的记录属于管理类工作底稿。（　　）

5. 工作底稿应当反映资产评估程序的实施情况，并支持评估结论。（　　）

四、思考分析题

1. 什么是管理类工作底稿？简要说明管理类工作底稿包括的内容。

2. 什么是操作类工作底稿？简要说明操作类工作底稿包括的内容。

五、综合分析题

某国有资产的评估项目（非重大和特殊项目）委托中青资产评估公司进行评估，该资产评估公司委派A带队执行评估业务。评估基准日是2021年6月30日。在执行其他必要的评估程序之后，参与评估的专业人员完成了评估报告（评估报告日为2021年12月20日），并于2022年1月底完成工作底稿等评估档案的归档工作。

要求：根据上述资料回答下列问题。

（1）本题中评估档案保存期限为多少年？

（2）评估档案在哪些情形下，不得对外提供？若本机构评估专业人员需要查阅评估档案，应当怎么做？

任务五　评估工作底稿的编制与归档

一、单项选择题

1.根据《资产评估执业准则——评估档案》的规定，资产评估档案保存期限的起算时间是（　　）。

A.评估基准日　B.资产评估报告日　C.报告签署日　D.文件归档日

2.下列各项不属于工作底稿编制要求的是（　　）。

A.应当遵守法律、行政法规和资产评估准则

B.应当真实完整、重点突出、记录清晰

C.应当采用纸质文档，装订成册

D.委托人和其他相关当事人提供的档案应由提供方确认

二、多项选择题

1.资产评估工作底稿编制的要求包括（　　）。

A.应当反映资产评估程序实施情况，支持评估结论

B.工作底稿中应当反映内部审核过程

C.应当遵守法律、行政法规和资产评估准则

D.评估档案整理归集

2.下列各项关于资产评估工作底稿的表述，正确的有（　　）。

A.评估工作完成后，归集后的工作底稿，即为资产评估档案

B.工作底稿应当反映资产评估机构的内部审核过程

C.将委托人和其他相关当事人提供的重要资料作为工作底稿应当由提供方进行确认

D.工作底稿应当以纸质文档保存

3.下列各项关于评估工作底稿编制的表述，正确的有（　　）。

A.利用交叉索引和备注说明等形式能完整地反映工作底稿间的钩稽关系并避免重复

B.资产评估专业人员应当根据评估业务特点和工作底稿类别，编制工作底稿目录，建立必要的索引号，以反映工作底稿间的钩稽关系

C.在工作底稿的编制过程中，需要经过必要的审核程序，包括对文字、数字、计算过程等内容的审核

D.工作底稿编制人可能产生差错、遗漏等问题

三、判断题

1.资产评估档案应当由原制作人保存，评估结论使用有效期届满后由资产评估机构集中统一管理。（　　）

2.工作底稿一般是资产持有人在评估时编制的。（　　）

四、思考分析题

1.简要说明评估工作底稿编制的具体要求。

2.在工作底稿归档的具体工作中，评估机构应该怎么做？

任务六　资产评估档案的管理

一、单项选择题

1.根据《资产评估法》的规定，一般资产评估档案的保存期限不少于（　　）年。

A.10　　B.15　　C.20　　D.30

2.下列各项关于资产评估工作档案的表述，不正确的是（　　）。

A.法定资产评估业务的资产评估档案保存期限不少于15年

B.资产评估专业人员通常应当在资产评估报告日后90日内归集形成评估档案

C.资产评估工作档案包括资产评估工作底稿、资产评估报告及其他相关资料

D.特殊资产评估项目形成资产评估档案的归档时限不晚于资产评估结论使用有效期届满后30日

3.下列各项关于国有资产评估业务档案归集及保管时限要求的表述，正确的是（　　）。

A.资产评估档案通常应在资产评估报告日后30日内归集成档，保管期限不少于30年

B.资产评估档案通常应在资产评估报告日后90日内归集成档，保管期限不少于15年

C.资产评估档案通常应在资产评估报告日后30日内归集成档，保管期限不少于15年

D.资产评估档案通常应在资产评估报告日后90日内归集成档，保管期限不少于30年

4.在资产评估档案归集时，重大或者特殊项目的归档时限不晚于评估结论使用有效期届满后（　　）日。

A.90　　B.60　　C.30　　D.120

二、多项选择题

1.下列各项关于资产评估档案的表述，正确的有（　　）。

A.当国家机关依法调阅时，资产评估档案可以对外提供

B.一般评估业务的评估档案保存期限不少于15年

C.重大或者特殊项目的归档时限为评估结论使用有效期届满后30日内

D.工作底稿只能是纸质文档

2.下列各项关于资产评估档案保密与查阅权限的表述，正确的有（　　）。

A.资产评估项目委托人可以查阅所委托项目的资产评估报告

B.资产评估协会可以依法依规查阅资产评估报告

C.本机构资产评估专业人员办理相关借阅手续后可以查阅资产评估报告

D.国家机关可以依法查阅资产评估报告

三、判断题

1.根据《中华人民共和国资产评估法》的规定，法定评估业务的评估档案保存期限不少于20年。（　　）

2.评估档案的保存期限，自资产评估报告日起算。（　　）

3.资产评估专业人员通常应当在资产评估报告日后90日内将工作底稿与资产评估报告等归集形成评估档案，并由所在资产评估机构按照国家有关法律、行政法规和相关资产评估准则的规定妥善管理。（　　）

四、思考分析题

1.《中华人民共和国资产评估法》对资产评估档案的保存是如何规定的？

2.简要说明评估档案的保密与查阅要求。